영어회화
필수 패턴부터
해결한다

AST English Lab

AST English Lab은 Accumulation of Stocks of English Training의 약자로
영어 학습의 완성은 체화라 믿고 가장 낮은 단계에서 시작하여
가장 높은 단계의 영어 수준을 실현하도록 돕는 연구 조직입니다.

영어 회화 필수 패턴부터 해결한다

지은이 AST English Lab
초판 1쇄 인쇄 2022년 1월 10일
초판 1쇄 발행 2022년 1월 20일

발행인 박효상   **편집장** 김현   **기획·편집** 장경희, 김설아, 하나래
본문·표지디자인 고희선
마케팅 이태호, 이전희   **관리** 김태욱

종이 월드페이퍼   **인쇄·제본** 예림인쇄·바인딩

출판등록 제10-1835호
발행처 사람in   **주소** 04034 서울시 마포구 양화로 11길 14-10 (서교동) 3F
전화 02) 338-3555(代)   **팩스** 02) 338-3545   **E-mail** saramin@netsgo.com
Website www.saramin.com

책값은 뒤표지에 있습니다.
피본은 바꾸어 드립니다.

ISBN 978-89-6049-933-1 14740

우아한 지적만보, 기민한 실사구시 사람in

영어회화 필수 패턴부터

해결한다

AST English Lab 지음

사람in

그냥 패턴이 아니라

쉬운 필수 패턴부터

해결해야 하는 이유

우리말처럼 영어가 폭포수처럼 나온다면 참 좋겠죠?
하지만 현실은 그렇지가 못합니다.
'한국어 문장이 먼저 떠오른다-영어 어순으로 배치한다-입 밖으로 말한다'
이 3단계를 거치는 게 대부분 한국인들의 회화 습성입니다.
이게 0.1초 내에 전광석화처럼 진행된다면 별 문제가 아닌데요,
말 한마디 해 보려면 몇 초가 걸리다 보니, '난 영어는 젬병인가 봐' 의기소침해져서
영어회화를 해 보려는 시도조차 하지 못하게 됩니다.
이게 영어회화 실력을 막는 가장 큰 장애물입니다.

"또 패턴이야?"가 아니라 "패턴이라고?"가 맞습니다!

하지만 걱정하지 마세요. 영어회화를 놓치지 않고 다시 해 보고 싶은
분들에겐 패턴이라는 좋은 무기가 있으니까요. 사실, 한국어가 모국어인
우리가 하는 말도 잘 살펴보면 수많은 패턴들의 조합과 반복입니다.
당연히 외국어도 그런 패턴을 무시할 수가 없는 것이고요.
그러니 '또 패턴이야?' 이런 생각은 잠시 넣어 두세요.
하지만 어떤 패턴이냐가 중요하지요. 해외 여행을 가거나 우연히 만나게 되는
외국인과의 의사소통을 목표로 할 때와 교수님들과의 학술적인
자리에서 정중하게 의사표현을 하는 것을 목표로 할 때의 패턴은 다르니까요.
이 책은 전자를 목표로 합니다. 아주 극소수의 상황을 제외하고는
한 번 만난 사람을 다시 만날 확률도 적고, 그래서 마음속 깊은 얘기들을 할
기회도 없습니다. 굉장히 실용적인 문장이 오고갈 가능성이 높기에
거기에 포커스를 두고 패턴을 골랐습니다.

우리가 영어를 잘하고 싶은 건 내가 필요한 것을 얻고, 하고 싶은 말을
상대방이 오해하지 않게 전하고 싶기 때문입니다. 그런 목적을 가진 분들을
위해 외국인들이랑 생전 가야 한 번 써 볼까 말까 한 패턴들은
넣지 않았습니다. 여기 추린 120개 정도면 차고도 넘칩니다.
패턴 많이 안다고 영어 잘하는 게 아니고 몇 가지 패턴이라도 제대로
활용하는 사람이 영어를 잘하는 겁니다.

여기 나온 패턴들 중에 완전히 처음 보는 것들은 별로 없을 거예요.
그렇지만 잘 못 쓰죠? 그건 듣고 말해 보는 걸 안 해서 그렇습니다.
그래서 음원을 만들 때 문장을 듣고 따라 말하게 했고요, 영어 음원은
물론이고, 한국어 해석과 영어 문장을 같이 수록해, 들을수록 영어로
말하고 싶은 한국어 문장이 머릿속에 새겨지는 효과가 생기게 했습니다.
왜 새로 나온 노래를 자꾸 듣게 되면 무의식 중에 흥얼거리고 따라 하잖아요.
영어 음원도 마찬가지입니다. 자꾸 듣다 보면 자기도 모르는 새 나옵니다.

패턴 학습의 핵심이자 목표는 해당 패턴에 다른 단어를 대입해 수많은
문장을 만들어 활용할 수 있는 문장의 수를 늘리는 것입니다. 그래서
이 책에서는 패턴의 어떤 부분에 다른 단어를 대입하면 새로운 문장이
만들어지는지 직접 보여줍니다. 이를 바탕으로 독자들은 패턴 공부를
어떻게 해야 하는지 그 how to를 알게 됩니다.

주의 사항

패턴에 나온 우리말 해석과 실제 문장에서의 해석이 조금 다를 수 있습니다.
예를 들어, '허락, 요청'을 나타내는 Can I ~?의 해석이 '~해도 되나요?'인데
문장에서는 '~할 수 있을까요?'로 되어 있습니다.
표현만 살짝 다를 뿐, 허락과 요청을 나타내는 본 뜻은 같기에 '왜 다르지?' 걱정하지 않으셔도 됩니다.

CHAPTER 3   너와 나의 패턴 & 대인 관계 윤활유 패턴

CHAPTER 4 상대방을 배려하는 패턴 & 정보를 요청하는 패턴

CHAPTER 5 There와 대명사의 환상적인 패턴들

CHAPTER 6   구체적인 정보를 요청하는 패턴

CHAPTER
1

Can을 활용한 실속 만점 패턴
&
Be동사로 묻고 답하는 쉬운 패턴

~해도 되나요? | **Can I ~?**

쉬운 패턴부터 해결하기 | 문장을 듣고 따라 말해 보세요. ☐ ☐ ☐ ☐ ☐

입어 봐도 **되나요?**

Can I try it on?

메뉴판 좀 볼 수 있나요?

Can I see a menu?

뭐 좀 물어봐**도 돼요?**
너에게 부탁하다

Can I ask you something?
[ask you a favor]

지금 표 살 수 있나요?
여기에서

Can I buy a ticket now?
[here]

여기에 짐 좀 맡겨**도 돼요?**

Can I store luggage here?

Can I try it on?

입어 봐도 되나요?

MP3 001

Can I ~? 대신 May I ~?나 Could I ~?를 쓰면 더 정중한 느낌이에요.

이거 여기다 내려놔도 돼요?

Can I put this down here?

하룻밤 더 묵을 수 있나요?

Can I stay one more night?

내일 알려 드려도 되나요?
내일까지

Can I let you know tomorrow?
[by tomorrow]

여기서 원화를 달러로 바꿀 수 있나요?
유로를 달러로 / 달러를 엔화로

Can I change won into dollars here?
[euros into dollars / dollars into yen]

이 셔츠 다른 걸로 바꿀 수 있을까요?

Can I change this shirt for something else?

13

~하면 돼. | **You can ~.**

쉬운 패턴부터 해결하기 ㅣ 문장을 듣고 따라 말해 보세요. ☐ ☐ ☐ ☐ ☐ ☐

그거 쓰면 돼.
내 전화기

— **You can** use it.
[my phone]

내 거 빌려 써도 돼.
쓰다

— **You can** borrow mine.
[use]

할인 쿠폰 사용하실 수 있어요.

— **You can** use the discount coupon.

신용카드 쓰셔도 돼요.

— **You can** use your credit card.

오후 2시 이후에 체크인하실 수 있어요.

— **You can** check in after 2 p.m.

You can use it.

그거 쓰면 돼.

MP3 002

절 따라오시면 돼요.
(저에게) 물어보다

You can follow me.
[ask]

이제 가셔도 됩니다.
밖으로 나오다

You can leave now.
[come out]

여기서 좌회전하면 돼.
우회전하다

You can turn left here.
[turn right]

거기서 버스 타시면 돼요.

You can take the bus there.

저희 웹사이트에서 찾으실 수 있어요.

You can find it on our website.

~할 수 있어?
~해 줄래?

Can you ~?

쉬운 패턴부터 해결하기 ǀ 문장을 듣고 따라 말해 보세요.   ☐ ☐ ☐ ☐ ☐

수영할 수 있어?
운전하다 / 요리하다

Can you swim?
[drive / cook]

나 좀 도와줄 수 있어?

Can you help me?

저거 읽을 수 있어?

Can you read that?

한국어 할 줄 알아요?
영어 / 일본어 / 중국어

Can you speak Korean?
[English / Japanese / Chinese]

제가 하는 말 이해돼요?

Can you understand what I'm saying?

Can you help me?

나 좀 도와줄 수 있어?

MP3 003

Can you ~? 대신 Could you ~?를 쓰면 더 정중한 느낌이에요.

부탁 하나 들어주실래요?
또 다른 부탁

Could you do me a favor?
[another favor]

설탕 좀 건네주시겠어요?
소금/식초

Could you pass me the sugar?
[the salt/the vinegar]

다시 한 번 말씀해 **주실래요?**

Could you say that again?

어떻게 하는지 설명해 **주시겠어요?**

Could you explain how to do it?

그 호텔에 어떻게 가는지 알려 **주시겠어요?**
공항

Could you tell me how to get to the hotel?
[the airport]

17

| 나 ~할 줄 알아. | I can ~. |

내가 <u>도와줄게</u>.
이해하다

— **I can** help you.
[understand]

내가 그거 해 줄 수 있어.

— **I can** do that for you.

내가 빌려줄 수 있어.

— **I can** lend it to you.

내가 <u>너</u> 태워다 줄게.
그 사람/그녀

— **I can** give you a ride.
[him / her]

저 <u>영어</u> 할 줄 알아요.
프랑스어/스페인어/태국어

— **I can** speak English.
[French / Spanish / Thai]

I can speak English.
저 영어 할 줄 알아요.

MP3 004

해석은 다양하지만 기본 의미는 '할 수 있다, 해주겠다'는 능력, 제안을 내포해요.

제가 <u>10분 후에</u> 전화 드릴게요.
퇴근 후에

I can call you in 10 minutes.
[after work]

어떻게 하는지 보여 드릴게요.

I can show you how to do it.

내가 네 컴퓨터 고칠 수 있어.

I can fix your computer.

제가 그 이유를 설명해 드릴게요.

I can explain the reason.

내가 <u>공항으로</u> 너 데리러 갈게.
학교에서 / 회사에서

I can pick you up at the airport.
[from school / from work]

UNIT 005 못함

난 ~ 못 해. | ## I can't ~.

쉬운 패턴부터 해결하기 l 문장을 듣고 따라 말해 보세요. ☐ ☐ ☐ ☐ ☐

나 수영 못 해.
자전거 타다

I can't swim.
[ride a bike]

난 못 가.

I can't come.

나 농담할 줄 몰라.

I can't tell jokes.

더는 못 참겠어.
견디다

I can't stand it anymore.
[take]

더 이상 못 먹겠어.
마시다

I can't eat anymore.
[drink]

I can't eat anymore.
더 이상 못 먹겠어.

MP3 005

더 이상 못 가겠어.

I can't go any farther.

스위치를 못 찾겠어.
열쇠 / 리모컨

I can't find the switch.
[the key / the remote control]

그 이름이 기억이 안 나.

I can't remember the name of it.

여기서는 내 스마트폰을 사용할 수가 없어.

I can't use my smartphone here.

그게 무슨 의미인지 이해를 못 하겠어.
네가 무슨 말 하는 건지

I can't understand the meaning of it.
[what you're talking about]

21

빨리 ~하고 싶어. | **I can't wait to ~.**

쉬운 패턴부터 해결하기 | 문장을 듣고 따라 말해 보세요. ☐ ☐ ☐ ☐ ☐

넌 **빨리** 만나고 싶어.
내 남자 친구 / 내 여자 친구

— **I can't wait to see** you.
[my boyfriend / my girlfriend]

네 소식을 **빨리** 듣고 싶어.
함께 일하다

— **I can't wait to hear from** you.
[work with]

빨리 점심 먹고 싶어.

— **I can't wait to have lunch.**

빨리 그 영화 보고 싶어.

— **I can't wait to see the movie.**

빨리 퇴근하고 싶어.

— **I can't wait to get off work.**

I can't wait to go there.
거기 빨리 가고 싶어.

MP3 006

I can't wait to ~는 어서 빨리 하고 싶어서 안달하는 마음을 표현해요.

거기 빨리 가고 싶어.

I can't wait to go there.

빨리 휴가 가고 싶어요.
콘서트에 가다

I can't wait to go for a vacation.
[go to the concert]

빨리 축구 경기 보고 싶어.

I can't wait to see the soccer game.

빨리 해외로 나가고 싶어.
유럽에 가다

I can't wait to go overseas.
[go to Europe]

너한테 그걸 빨리 보여 주고 싶어.

I can't wait to show it to you.

23

UNIT 007 요청, 제안

| ~ 줄래요?
~ 주세요. | **Can I have ~?** |

쉬운 패턴부터 해결하기 | 문장을 듣고 따라 말해 보세요. ☐ ☐ ☐ ☐ ☐

<u>마실 것</u> 좀 **주실래요?**
먹을 것

— **Can I have** something to drink?
[something to eat]

오믈렛 하나 **주세요.**

— **Can I have** an omelet?

맥주 한 잔 더 **주시겠어요?**

— **Can I have** one more beer?

콜라 한 잔 **주시겠어요?**
물 한 잔 / 와인 한 잔

— **Can I have** a glass of coke, **please?**
[a glass of water / a glass of wine]

얘기 좀 나눌 수 있을까요?

— **Can I have** a talk with you?

Can I have **one more beer**?

맥주 한 잔 더 주시겠어요?

MP3 **007**

요청의 대상은 구체적인 것과 추상적인 것 모두 가능해요.

환불해 주시겠어요?

Can I have a refund?

영수증 주시겠어요?

봉투 하나 더

Can I have the receipt?

[an extra bag]

연차를 써도 될까요?

Can I have a day off?

계산서 주세요.

종이 한 장

Can I have a bill?

[a piece of paper]

그것에 대해 생각할 시간 좀 주시겠어요?

Can I have some time to think about it?

~를 갖다 줄까요?	Can I get you ~?

쉬운 패턴부터 해결하기 | 문장을 듣고 따라 말해 보세요.   ☐ ☐ ☐ ☐ ☐

수건 좀 갖다 줄까요?
담요, 이불

— **Can I get you** a towel?
[a blanket]

쿠키 좀 갖다 줄까요?

— **Can I get you some cookies?**

주스 좀 갖다 줄까요?
마실 것

— **Can I get you** some juice?
[something to drink]

계산서 가져다 드릴까요?

— **Can I get you the bill?**

차 좀 가져다 드릴까요?
커피

— **Can I get you** some tea?
[some coffee]

Can I get you **something to eat?** 먹을 것 좀 갖다 줄까요?

MP3 008

메뉴판 가져다 드릴까요?
의자

Can I get you the menu?
[a chair]

그 양식을 가져다 드릴까요?

Can I get you the form?

물 한 잔 갖다 줄까?
우유 한 잔

Can I get you a glass of water?
[a glass of milk]

신문 가져다 드릴까요?

Can I get you a newspaper?

먹을 것 좀 갖다 줄까요?
읽을 것

Can I get you something to eat?
[something to read]

27

나~할 수 있어. | **I'm able to ~.**

쉬운 패턴부터 해결하기 | 문장을 듣고 따라 말해 보세요. ☐ ☐ ☐ ☐ ☐

나 지금 그거 할 수 있어.

— **I'm able to** do it now.

내가 널 도울 수 있어.
만나다

— **I'm able to** assist you.
[meet]

나 거기까지 걸어갈 수 있어.

— **I'm able to** walk there.

제시간에 거기 도착할 수 있어요.
출근하다

— **I'm able to** get there on time.
[get to work]

내가 너에게 그것을 설명할 수 있어.

— **I'm able to** explain it to you.

I'm able to **walk there**.

나 거기까지 걸어갈 수 있어.

MP3 009

I can 대신 쓸 수 있는 표현이에요.

제 일정을 조정할 수 있어요.
변경하다

I'm able to adjust my schedule.
[change]

그 보트 투어에 참여할 수 있어요.

I'm able to take the boat tour.

저 이번 주말에 일할 수 있어요.
(매주) 토요일에 / 크리스마스 날에

I'm able to work this weekend.
[on Saturdays / on Christmas day]

그 호텔이 어디 있는지 찾을 수 있어요.
시청

I'm able to find where the hotel is.
[the city hall]

샐리가 무슨 의미로 말하는지 이해할 수 있어.

I'm able to understand what Sally means.

29

A

오른쪽 영어 문장을 가리고 우리말만 보고 영어로 말해 보세요.
그런 다음 들려 주는 문장을 따라 말해 보세요.

01 입어 봐도 되나요?   **Can I** try it on**?**

02 할인 쿠폰 사용하실 수 있어요.   **You can** use the discount
                                            coupon**.**

03 제가 하는 말 이해돼요?   **Can you** understand what I'm
                                            saying**?**

04 어떻게 하는지 보여 드릴게요.   **I can** show you how to do it**.**

05 여기서는 내 스마트폰을 사용할 수가 없어.   **I can't** use my smartphone here**.**

06 널 빨리 만나고 싶어.   **I can't wait** to see you**.**

07 오믈렛 하나 주세요.   **Can I have** an omelet**?**

08 물 한 잔 갖다 줄까?   **Can I get you** a glass of water**?**

09 내가 너에게 그것을 설명할 수 있어.   **I'm able to** explain it to you**.**

B

MP3 010

빈칸에 알맞은 영어 표현을 써 본 후, 정답을 확인하세요.
그런 다음 들려 주는 대화를 여러 번 반복해서 연습하세요.

1 A **Can I _____?**
   내일 알려 드려도 되나요? (let you know : 알려 주다)

   B **Sure.** 물론이죠.

2 A **How can I pay for this?** 이것은 어떻게 지불하면 되나요?

   B **You can _____.** 신용카드 쓰셔도 돼요.

3 A **Could you _____?** 설탕 좀 건네주시겠어요?

   B **Here you are.** 여기 있습니다.

4 A **I don't know how to get there.** 거기에 어떻게 가는지 모르는데요.

   B **I can _____.**
   제가 태워다 드릴 수 있어요.

5 A **I can't wait to _____.**
   빨리 그 영화를 보고 싶어요.

   B **Neither can I.** 저도 그래요.

6 A **Can I have _____?**
   이야기 좀 나눌 수 있을까요?

   B **Sure. What's it on?** 물론이죠. 무슨 얘긴데요?

정답   1. let you know tomorrow   2. use your credit card
      3. pass me the sugar   4. give you a ride   5. see the movie
      6. a talk with you

31

~하세요?	**Are you ~?**

쉬운 패턴부터 해결하기 ㅣ 문장을 듣고 따라 말해 보세요.   ☐ ☐ ☐ ☐ ☐

괜찮으세요?

— **Are you** OK?

피곤하세요?
지루한

— **Are you** tired?
[bored]

너 거기 있니?

— **Are you** there?

그쪽이 스미스 씨세요?

— **Are you** Mr. Smith?

골프 잘 치세요?
수영/요리

— **Are you** good at playing golf?
[swimming / cooking]

Are you tired?
피곤하세요?

MP3 011

Are you ~?는 보통 상대방의 상태, 지위, 혹은 위치를 물을 때 써요.

지금 시간 **돼요?**

Are you available now?

일은 마음에 **들어?**
생활

Are you satisfied with your work?
[life]

다 했어?

Are you done?

혼자 여행하는 게 편하**세요?**

Are you comfortable traveling alone?

한국 노래에 관심 있으**세요?**

Are you interested in K-pop?

33

나 ~해. | **I'm ~.**

쉬운 패턴부터 해결하기 ㅣ 문장을 듣고 따라 말해 보세요.   ☐ ☐ ☐ ☐ ☐

나 <u>목말라</u>.
매우 배고픈

— **I'm** thirsty.
[starving]

전 <u>한국 사람</u>이에요.

— **I'm** South Korean.

<u>조금</u> 졸려.
약간

— **I'm** a little sleepy.
[kind of]

그게 궁금해.

— **I'm** curious about it.

저는 <u>대학생</u>이에요.
전업주부

— **I'm** a university student.
[stay-at-home mom]

I'm thirsty.
나 **목말라**.

MP3 012

I'm은 나의 현재 상태, 지위, 신분 등을 나타내요.

지금은 바빠**요**.

I'm busy right now.

<u>점심 시간 이후에는</u> 시간 돼**요**.
오후 2시 이후에는

I'm free after lunch.
[after 2 p.m.]

나 <u>휴가 중</u>이야.
출장 중

I'm on vacation.
[on a business trip]

지금 가고 있**어**.

I'm on my way.

(하는 일이) 거의 끝났**어**.

I'm almost done.

UNIT 012 상태 서술(부정)

나 안 ~해. | I'm not ~.

쉬운 패턴부터 해결하기 | 문장을 듣고 따라 말해 보세요. ☐ ☐ ☐ ☐ ☐

나 <u>목 안</u> 말라.
배고픈

— **I'm not** thirsty.
　　　　　　[hungry]

저 <u>중국 사람</u> 아니에요.
일본 사람

— **I'm not** Chinese.
　　　　　　[Japanese]

나 안 <u>졸려</u>.
피곤한

— **I'm not** sleepy.
　　　　　　[tired]

그거 **안** 궁금해요.

— **I'm not** curious about it.

저는 대학생 **아니에요**.

— **I'm not** a university student.

I'm not thirsty.

나 **목 안** 말라.

MP3 013

지금은 **안** 바빠요.
사무실에 있는

I'm not busy right now.
[in my office]

점심 시간 이후에 시간이 **안** 돼요.
오늘/이번 주

I'm not free after lunch.
[today / this week]

나 지금 휴가 **아니야.**

I'm not on vacation.

나 지금 집에 가는 중 **아니야.**

I'm not on my way home.

(하는 일이) 다 **안** 끝났어.

I'm not done.

UNIT 013 현재의 진행 상황 문의

너 ~하는 중이야? | **Are you -ing ~?** ➊

쉬운 패턴부터 해결하기 | 문장을 듣고 따라 말해 보세요. ☐☐☐☐☐

너 지금 나랑 장난하니?

— **Are you** kidding me?

나 찾고 있는 거니?

— **Are you** looking for me?

무슨 문제 있어?
재미

— **Are you** having problems?
[fun]

케이트와 얘기 중이야?

— **Are you** talking with Kate?

나 놀리는 거야?

— **Are you** teasing me?

Are you waiting for someone?
누구 기다리는 중이야?

현재 말하는 순간에 진행되고 있는 걸 물어요.

누구 기다리는 중이니?
Are you waiting for someone?

너 제인이랑 사귀니?
Are you going out with Jane?

지금 운전 중이야?
Are you driving a car?

좋은 <u>시간</u> 보내고 있어?
방학
Are you having a good time?
[vacation]

아직도 그 생각하는 거야?
Are you still thinking about it?

39

| 너 ~할 거야? | **Are you -ing ~?** ❷ |

쉬운 패턴부터 해결하기 | 문장을 듣고 따라 말해 보세요.   □ □ □ □ □

너 오늘 밤에 올 **거야?**

— **Are you** com**ing** tonight?

내일 일할 **거예요?**
이번 주말에

— **Are you** work**ing** tomorrow?
[this weekend]

너 좀 있다 외출할 **거니?**
오늘 밤에

— **Are you** go**ing** out a little later?
[tonight]

아이들도 거기 데려갈 **거니?**

— **Are you** tak**ing** the kids there too?

너 오늘 저녁에 신디 만날 **거야?**

— **Are you** see**ing** Cindy this evening?

Are you coming tonight?
너 오늘 밤에 올 거야?

MP3 015

미래에 할 행동을 이렇게 묻기도 하며, 미래를 나타내는 말과 같이 쓰여요.

내일 병원 갈 **거예요?**

Are you see**ing** the doctor tomorrow?

'런던 아이'(대관람차) 타 보실 **거예요?**

Are you try**ing** to ride the London Eye?

<u>다음 주 일요일에</u> 부모님 찾아뵐 **거야?**
이번 주 일요일에

Are you visit**ing** your parents next Sunday?
[this Sunday]

다음 주말에 도서관에서 공부할 **거니?**

Are you study**ing** in the library next weekend?

다음 주에 <u>집들이할</u> **거예요?**
생일 파티

Are you hav**ing** a housewarming party next week? **[birthday party]**

나 ~하는 중이야. | **I'm -ing ~. ①**

쉬운 패턴부터 해결하기 l 문장을 듣고 따라 말해 보세요. ☐ ☐ ☐ ☐ ☐

지금 가는 **중이야.**

— **I'm coming.**

나 <u>운전</u> **중이야.**
통화 중인

— **I'm driving.**
[talking on the phone]

나 거기로 걸어가고 있어.

— **I'm walking there.**

나 여행 **중이야.**

— **I'm traveling.**

(매장에서) <u>둘러보고</u> **있어요.**
둘러보고 있는

— **I'm looking around.**
[browsing]

I'm **traveling**.

나 **여행** 중이야.

MP3 **016**

(기분이나 몸 상태가) 이제 <u>괜찮아졌어</u>.
상태가 좋은

I'm feeling better now.
[well]

점점 나이들어 가고 있어.

I'm getting old.

아직 <u>그 결과를</u> 기다리는 **중이야**.
내 차례

I'm still waiting for the result.
[my turn]

난 지금 최선을 다하고 있어.

I'm doing my best.

난 그녀가 잘 지내길 바라고 있어.

I'm hoping that she will be well.

나 ~할 거야. | **I'm -ing ~. ❷**

쉬운 패턴부터 해결하기 | 문장을 듣고 따라 말해 보세요. ☐ ☐ ☐ ☐ ☐

내가 오늘 저녁 준비할게.

— I'm preparing dinner today.

나 일찍 잘게.

— I'm going to bed early.

나중에 그녀와 이야기할게.

— I'm talking with her later.

나 내일 치과 가.

— I'm going to the dentist tomorrow.

나 이번 주 토요일에 근무할 **거야.**
이번 주말에

— I'm working this Saturday.
[this weekend]

I'm working this Saturday.
나 이번 주 토요일에 근무할 거야.

MP3 017

나 내일 제주도 여행 가.

I'm travel**ing** to Jeju Island tomorrow.

내일 그를 차로 데리러 갈 **거야.**

I'm pick**ing** him up tomorrow.

다음 학기에 그 수업 들을 **거야.**

I'm tak**ing** the class next semester.

5분 후에 거기 도착할 **거야.**
화요일에

I'm arriv**ing** there in 5 minutes.
[on Tuesday]

10분 후에 호텔로 돌아갈 **거예요.**
저녁 식사 후에

I'm go**ing** back to the hotel in 10 minutes.
[after dinner]

| 너 ~할 거야? | **Are you going to ~?** |

너 지금 갈 **거야?**

— **Are you going to** go now?

우리랑 같이 할 **거야?**

— **Are you going to** join us?

너 그거 해 볼 **거야?**
그것을 시도하다

— **Are you going to** try it?
[give it a try]

너 걔한테 전화할 **거야?**
그녀에게 데이트 신청하다

— **Are you going to** call her?
[ask her out]

너 저거 살 **거야?**

— **Are you going to** buy that?

그 사람이랑 결혼할 **거야?**
헤어지다

Are you going to marry him?
[break up with]

왜 그러는지 말해 줄 **거야?**
사실

Are you going to tell me why?
[the truth]

네가 예약할 거니?

Are you going to make a reservation?

너 생일 파티 할 **거야?**

Are you going to hold a birthday party?

우리랑 쇼핑하러 갈 **거니?**

Are you going to go shopping with us?

| 나 ~할 거야. | I'm going to ~. |

쉬운 패턴부터 해결하기 | 문장을 듣고 따라 말해 보세요. ☐ ☐ ☐ ☐ ☐

그에게 전화할 **거야.**

— **I'm going to** call him.

나 택시 탈 **거야.**
버스 타다

— **I'm going to** take a taxi.
[take a bus]

나 그거 할 **거야.**

— **I'm going to** do it.

나 자러 갈게.
산책하러 가다

— **I'm going to** go to bed.
[go for a walk]

운동 좀 하려고.

— **I'm going to** do some exercise.

I'm going to do it.

나 그거 할 거야.

MP3 019

미리 생각을 해보고 말하는 느낌이에요.

나 휴가 갈 **거야.**

I'm going to go on vacation.

나 담배 끊을 **거야.**
술을 끊다

I'm going to quit smoking.
[quit drinking]

나 결혼할 **거야.**

I'm going to get married.

나 집 사려고.
노트북/카메라

I'm going to buy a house.
[laptop / camera]

4시에 돌아올게.
4시까지

I'm going to come back at 4.
[by 4]

| ~할 준비됐어? | **Are you ready to ~?** |

쉬운 패턴부터 해결하기 ㅣ 문장을 듣고 따라 말해 보세요. ☐ ☐ ☐ ☐ ☐

나갈 **준비됐어?**
가다

— **Are you ready to** leave?
[go]

점심 먹으러 갈 **준비됐어?**
저녁 먹으러 나가다

— **Are you ready to** go to lunch?
[go out for dinner]

시험 볼 **준비됐니?**

— **Are you ready to** take the test?

(식당에서) 음식 주문할 **준비되셨나요?**

— **Are you ready to** order your meal?

계약서에 서명하실 **준비되셨나요?**

— **Are you ready to** sign the contract?

Are you ready to+동사원형, Are you ready for+명사 형태로 써요.

행사 준비는 다 됐나요?
등교

Are you ready for the event?
[school]

디저트 드실 준비되셨어요?

Are you ready for the dessert?

발표할 준비됐나요?
면접

Are you ready for your presentation?
[your interview]

건강검진 받을 준비됐나요?

Are you ready for the medical checkup?

결혼식 준비는 다 됐니?

Are you ready for your wedding ceremony?

나 ~할 준비됐어. | **I'm ready to ~.**

쉬운 패턴부터 해결하기 | 문장을 듣고 따라 말해 보세요.   ☐ ☐ ☐ ☐ ☐

시작할 **준비됐어.**

— **I'm ready to** start.

나 그거 할 **준비됐어.**

— **I'm ready to** do it.

학교 갈 **준비됐어요.**
출근하다

— **I'm ready to** go to school.
[go to work]

(호텔에서) 체크아웃할 **준비됐어요.**

— **I'm ready to** check out.

널 도울 **준비가 됐어.**
너와 이야기하다

— **I'm ready to** help you.
[talk to you]

I'm ready to do it.
나 **그거 할** 준비됐어.

그녀를 데리러 갈 **준비됐어.**

I'm ready to pick her up.

이제 잘 **준비가 됐어.**
집에 가다

I'm ready to go to bed now.
[go home]

너한테 그 이야기를 말할 **준비가 됐어.**
모든 것/진실

I'm ready to tell you the story.
[everything / the truth]

아파트에서 이사 나갈 **준비됐어.**
이사 들어가다

I'm ready to move out of the apartment.
[move into]

내 사업을 시작할 **준비가 됐어.**

I'm ready to start my own business.

UNIT 021 확신의 확인

~인 게 확실해? | Are you sure ~?

쉬운 **패턴부터 해결하기** | 문장을 듣고 따라 말해 보세요.　　　□□□□□

너 정말 <u>괜찮은</u> 거야?
이거 할 준비가 된

— **Are you sure** you are OK?
　　　　　　　　[ready for this]

너 **진짜** 그거 할 수 있어?

— **Are you sure** you can do it?

그녀가 <u>독신인</u> 게 **확실해**?
결혼한/이혼한

— **Are you sure** she is single?
　　　　　　　　[married/divorced]

그게 **정말** 사실이에요?

— **Are you sure** it is the truth?

그게 비밀번호인 게 **확실해요**?

— **Are you sure** that is the password?

Are you sure she is single?

그녀가 독신인 게 확실해?

글에서는 Are you sure that ~?의 형태로 쓰기도 하지만 회화에서는 대체로 that을 생략해요.

정말 그녀가 시험에 합격할까요?
면접

Are you sure she will pass the exam?
[the job interview]

대니가 이 근처에서 사는 게 확실해?

Are you sure Danny lives around here?

너 진짜 숙제한 거니?

Are you sure you did your homework?

불 끄고 나온 거 확실해?

Are you sure you turned off the light?

너 정말 거기에 가고 싶지 않아?
도움이 필요하다

Are you sure you don't want to go there?
[need any help]

~가 확실해. | **I'm sure ~.**

쉬운 패턴부터 해결하기 l 문장을 듣고 따라 말해 보세요. ☐ ☐ ☐ ☐ ☐

개 이제 **정말** 괜찮**아.**

— **I'm sure** she is fine now.

팀이 나한테 화난 게 **확실해.**
몹시 화난

— **I'm sure** Tim is mad at me.
[pissed]

우리 팀이 이길 게 **확실해.**
지다

— **I'm sure** our team will win.
[lose]

그 사람 유부남인 게 **확실해.**
독신인

— **I'm sure** he is married.
[single]

존이 좋은 남자인 건 **분명해.**

— **I'm sure** John is a good man.

I'm sure our team will win.

우리 팀이 이길 게 확실해.

MP3 **023**

확신을 못할 때는 I'm not sure로 표현해요.

그게 맞는**지 잘 모르겠어.**
공정한

I'm not sure that's right.
[fair]

그녀가 누군**지 잘 모르겠어.**

I'm not sure who she is.

제인이 저녁을 먹었는**지 잘 모르겠어.**
아침/점심

I'm not sure Jane had dinner.
[breakfast/lunch]

아이들이 어디 있는**지 잘 모르겠어.**

I'm not sure where the kids are.

내가 그것을 어떻게 할 수 있었는**지 잘 모르겠어.**

I'm not sure how I could do it.

오른쪽 영어 문장을 가리고 우리말만 보고 영어로 말해 보세요.
그런 다음 들려 주는 문장을 따라 말해 보세요.

01 피곤하세요? **Are you** tired?

02 저는 대학생이에요. **I'm** a university student.

03 지금은 안 바빠요. **I'm not** busy right now.

04 누구 기다리는 중이니? **Are you** waiting for someone?

05 아이들도 거기 데려갈 거니? **Are you** taking the kids there too?

06 나 거기로 걸어가고 있어. **I'm** walking there.

07 내가 오늘 저녁 준비할게. **I'm** preparing dinner today.

08 너 그거 해 볼 거야? **Are you going to** try it?

09 나 휴가 갈 거야. **I'm going to** go on vacation.

10 음식 주문할 준비되셨나요? **Are you ready to** order your meal?

11 내 사업을 시작할 준비가 됐어. **I'm ready to** start my own business.

12 너 진짜 그거 할 수 있어? **Are you sure** you can do it?

13 그게 맞는지 잘 모르겠어. **I'm not sure** that's right.

B

MP3 024

빈칸에 알맞은 영어 표현을 써 본 후, 정답을 확인하세요.
그런 다음 들려 주는 대화를 여러 번 반복해서 연습하세요.

1 A _____ Will Thompson? 윌 톰슨 씨세요?

   B No, _____ William Harper. 아니요, 전 윌리엄 하퍼입니다.

2 A Are you Japanese? 일본인이세요?

   B No, I'm _____. 아니요, 저 한국 사람이에요.

3 A Are you OK? 당신, 괜찮아요?

   B I'm _____. 지금은 더 나아진 기분이에요.

4 A _____ marry her? 너 그녀와 결혼할 거야?

   B Yes, _____ get married. 응, 나 결혼할 거야.

5 A _____ leave?
      나갈 준비됐어?

   B No, not yet. 아니요, 아직이요.

6 A _____ it is the truth? 그게 정말 사실인가요?

   B No, _____. 아니요, 아직 확실하지 않아요.

정답   1. Are you, I'm   2. South Korean   3. feeling better now
        4. Are you going to, I'm going to   5. Are you ready to
        6. Are you sure, I'm not sure yet

CHAPTER
2

일반동사로 묻고 답하는 패턴

나를 말하는 주체적인 패턴

너 ~하니? | **Do you ~?**

쉬운 패턴부터 해결하기 ǀ 문장을 듣고 따라 말해 보세요.   ☐ ☐ ☐ ☐ ☐

너 자동차 있어?
운전면허증

Do you have a car?
[driver's license]

시간 있니?

Do you have time?

도와드릴까요?
(차 등에) 탐, 태움

Do you need help?
[a ride]

여기서 일하세요?
마케팅 분야에서

Do you work here?
[in marketing]

너 크리스 알아? (개인적으로 아는지 물을 때)

Do you know Chris?

Do you need help?

도와드릴까요?

MP3 025

주스 좀 마실래?
커피

Do you want some juice?
[coffee]

보통 일찍 일어나니?
잠자리에 들다

Do you usually get up early?
[go to bed]

신용카드 받나요?

Do you accept credit cards?

흰색 셔츠가 더 좋으세요?

Do you prefer the white shirt?

그게 어디 있는지 알아요?

Do you know where it is?

난 안 ~해. | **I don't ~.**

쉬운 패턴부터 해결하기 ㅣ 문장을 듣고 따라 말해 보세요.

몰라.

— **I don't** know.

나 그거 없어.

— **I don't** have it.

난 이해가 안 가.

— **I don't** understand.

지금은 시간이 없어.
오늘 오후에는

I don't have time now.
[this afternoon]

난 그렇게 생각 안 해.
그런 식으로

I don't think so.
[that way]

I don't understand.
난 이해가 안 가.

평소 하지 않는 것 등을 표현해요.

나도 그거 좋아하지 않아.

I don't like it either.

더 이상 그거 필요 없어.
지금 당장은

I don't need it anymore.
[right now]

아직 아무것도 안 보여.

I don't see anything yet.

걔 이름이 기억 안 나.
성

I don't remember her name.
[surname]

난 기다려도 괜찮아.
서 있는 거

I don't mind waiting.
[standing]

65

너 ~ 좋아하니? | **Do you like ~?**

쉬운 패턴부터 해결하기 | 문장을 듣고 따라 말해 보세요. ☐ ☐ ☐ ☐ ☐

너 <u>축구</u> 좋아하니?
야구/농구

— **Do you like** soccer?
[baseball / basketball]

<u>한국 음식</u> 좋아하세요?
일식/태국 음식

— **Do you like** Korean food?
[Japanese Food / Thai food]

여기 마음에 들어?

— **Do you like** this place?

이 <u>원피스</u> 마음에 드니?
셔츠

— **Do you like** this dress?
[shirt]

그 새로 생긴 식당 좋아하세요?

— **Do you like** the new restaurant?

Do you like **soccer**?

너 **축구 좋아하니?**

MP3 **027**

like 뒤에 명사가 올 수도 있고, to+동사원형이나 동사-ing 형태가 올 수 있어요.

수영하는 거 **좋아해?**

Do you like to swim?

스키 타는 거 **좋아하니?**

Do you like to ski?

너 책 읽는 거 **좋아하니?**
요리하는 것

Do you like reading books?
[cooking]

너 포켓볼 치는 거 **좋아해?**
골프 치는 것

Do you like playing pool?
[playing golf]

아이들과 노는 거 **좋아하세요?**

Do you like playing with kids?

난 ~가 좋아. | I like ~.

쉬운 패턴부터 해결하기 | 문장을 듣고 따라 말해 보세요.

난 그 아이디어가 좋아.

— I like the idea.

당신 의견이 마음에 드네요.
관점

— I like your opinion.
[point of view]

난 화창한 날이 좋아.
비 오는

— I like sunny days.
[rainy]

나 그 TV 프로그램 좋아해.

— I like that TV show.

난 만화책 좋아해.
그림책

— I like comic books.
[picture books]

I like **the idea.**

난 그 아이디어가 좋아.

MP3 028

역시 like 뒤에 명사, to+동사원형, 동사-ing이 올 수 있어요.

난 <u>그 가게</u> 마음에 들어.
이곳

I like the shop.
[this place]

난 여행하는 걸 **좋아해.**

I like to travel.

난 <u>기타 치는 걸</u> **좋아해.**
피아노 치는 것

I like playing the guitar.
[playing the piano]

난 지금 사는 곳이 좋아.

I like where I live now.

여기서 보이는 경치가 **마음에 들어.**

I like the view from here.

| ~ 말이에요? | Do you mean ~? |

쉬운 패턴부터 해결하기 l 문장을 듣고 따라 말해 보세요. ☐☐☐☐☐

이거 말이니?

Do you mean this one?

나 말하는 거야?

Do you mean me?

지금 당장이요?
즉시

Do you mean right now?
[right away]

오늘 오후에 말이에요?
이번 달 말

Do you mean this afternoon?
[the end of this month]

걔가 지갑을 잃어버렸다는 말이야?

Do you mean she lost her purse?

Do you mean **this afternoon?**
오늘 오후에 말이에요?

MP3 029

뒤에 명사 또는 '주어+동사'의 형태가 올 수 있어요.

넌 <u>동의하지</u> 않는다는 거지?
이해하다

Do you mean you don't agree?
[understand]

네가 그걸 할 수 없다고 말하는 거니?

Do you mean you can't do it?

걔가 나한테 거짓말하고 있다는 거야?

Do you mean she's lying to me?

그 사람이 날 좋아한다고?

Do you mean he is fond of me?

그들이 <u>헤어졌다</u>는 말이에요?
재결합했다

Do you mean they broke up?
[got back together]

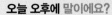

| 내 말은, ~라고. | I mean, ~. |

내 말은, 내 잘못이라고.
의무

I mean, it's my fault.
[duty]

내 말은, 그게 사실이라는 거지.

I mean, it's true.

내 말은, 그녀 말이 맞다는 거야.
친절한

I mean, she's correct.
[nice]

내 말은, 우리가 미안하다고.

I mean, we're sorry.

내 말은, 당신이 원한다면 말이죠.
당신이 괜찮다면

I mean, if you want to.
[if you don't mind]

I mean, we're sorry.
내 말은, 우리가 미안하다고.

MP3 030

I mean, 하고 잠깐 뜸을 들였다 말하세요.

내 말은, 뭔가 잘못됐다는 거죠.

I mean, something is wrong.

내 말은, 그냥 그렇게 됐다고.

I mean, it just happened.

내 말은, 그게 좀 어렵다는 거지.
복잡한

I mean, it's a little difficult.
[complicated]

내 말은, 그게 그 사람들이 말한 거라고.

I mean, that's what they said.

내 말은, 우리가 아직 결정을 못 했다는 거야.
준비된

I mean, we're not decided yet.
[ready]

~인 것 같아?	**Do you think ~?**

쉬운 패턴부터 해결하기 | 문장을 듣고 따라 말해 보세요. ☐ ☐ ☐ ☐ ☐

그 사람 화난 것 같니?
짜증난

— **Do you think** he is angry?
[annoyed]

오래 걸릴 것 같아요?

— **Do you think** it'll take long?

걔가 그것을 잘할 것 같아?

— **Do you think** she will do it well?

그 호텔이 좋은 것 같아?
그 식당

— **Do you think** the hotel is good?
[the restaurant]

우리 이제 가야 할까요?
떠나다

— **Do you think** we should go now?
[leave]

Do you think the hotel is good?

그 호텔이 좋은 것 같아?

MP3 031

이 경우 거의 뒤에 '주어+동사'의 형태가 와요.

바깥이 너무 더울**까요?**
추운/바람 부는

Do you think it's too hot out there**?**
[cold / windy]

우리가 제시간에 도착할 수 있을 **것 같아요?**

Do you think we can arrive on time**?**

우리가 뭐 좀 사야 할**까?**
약간의 과일

Do you think we should buy something**?**
[some fruit]

오늘 오후에 비가 올 **것 같아?**

Do you think it'll rain this afternoon**?**

그들이 이탈리아 음식 좋아하는 **것 같아?**
중식

Do you think they like the Italian food**?**
[Chinese food]

~인 것 같아.	**I think ~.**

그녀 말이 맞는 것 같아.
틀린

I think she is right.
[wrong]

그거 좋은 생각인 것 같아.
훌륭한 / 아주 멋진 / 탁월한

I think that's a good idea.
[great / wonderful / brilliant]

그는 괜찮아질 거야.

I think he'll be all right.

내가 틀렸던 것 같아.

I think I was wrong.

전망이 정말 좋은 것 같아.

I think it has a great view.

I think she is right.
그녀 말이 맞는 것 같아.

MP3 032

I think로 문장을 시작하면 단정적으로 말하는 느낌을 감소시켜 줘요.

우리가 음식을 충분히 주문한 것 같은데.

I think we ordered enough food.

난 우리가 올바른 결정을 했다고 생각해.
최고의
I think we made the right decision.
[best]

우리 지하철을 타야 할 것 같아.
버스 / 택시
I think we should take the subway.
[a bus / a taxi]

저 화장실 좀 다녀와야 할 것 같아요.
바람을 쐬다
I think I need to go to the bathroom.
[get some fresh air]

우리 식료품을 좀 사야 할 것 같은데.

I think we should buy some groceries.

너 ~하고 싶어?	**Do you want to ~?**

쉬운 패턴부터 해결하기 | 문장을 듣고 따라 말해 보세요. ☐☐☐☐☐

너 우리랑 같이 할래?

Do you want to join us?

나에게 그것에 대해 말해 줄래?

Do you want to tell me about it?

산책하고 싶니?
휴식을 취하다

Do you want to take a walk?
[take a break]

수영장에서 수영하고 싶어?
해변에서

Do you want to swim in the pool?
[at the beach]

우리랑 같이 타고 갈래?
함께 가다

Do you want to ride with us?
[come with]

너 지하철 타고 싶니?

Do you want to take the subway?

아이스크림 먹고 싶어?
간식/과일

Do you want to have some ice cream?
[snack / fruit]

테마파크에 가고 싶어?
수족관

Do you want to go to a theme park?
[an aquarium]

하와이에 가고 싶어, 로마에 가고 싶어?

Do you want to go to Hawaii or Rome?

이번 주말에 나랑 콘서트에 갈래?

Do you want to go to a concert with me this weekend?

나 ~하고 싶어. | **I want to ~.**

쉬운 패턴부터 해결하기 ㅣ 문장을 듣고 따라 말해 보세요.

널 만나고 싶어.

I want to see you.

나 거기 가고 싶어.
집에/밖에

I want to go there.
[home / outside]

나 자전거 타고 싶어.

I want to ride a bicycle.

나 농구하고 싶어.
테니스/탁구

I want to play basketball.
[tennis / table tennis]

나 잠 좀 자고 싶어.

I want to have some sleep.

I want to have some sleep.

나 **잠 좀 자고 싶어**.

MP3 034

나 그것에 대해 알고 싶어.

I want to know about it.

제 짐을 찾고 싶은데요.
맡기다

I want to pick up my baggage.
[leave]

이번 주말에 외출하고 싶어.

I want to go out this weekend.

간식을 좀 사고 싶어.

I want to buy some snack foods.

이 제품을 교환하고 싶어요.
반품하다

I want to exchange this product.
[refund]

오른쪽 영어 문장을 가리고 우리말만 보고 영어로 말해 보세요.
그런 다음 들려 주는 문장을 따라 말해 보세요.

01 너 자동차 있어? **Do you** have a car**?**

02 난 그렇게 생각 안 해. **I don't** think so**.**

03 여기 마음에 들어? **Do you like** this place**?**

04 당신 의견이 마음에 드네요. **I like** your opinion**.**

05 나 말하는 거야? **Do you mean** me**?**

06 내 말은, 우리가 미안하다고. **I mean,** we're sorry**.**

07 우리가 제시간에 도착할 수 있을 것 같아요? **Do you think** we can arrive on time**?**

08 그거 좋은 생각인 것 같아. **I think** that's a good idea**.**

09 너 우리랑 같이 할래? **Do you want to** join us**?**

10 이 제품을 교환하고 싶어요. **I want to** exchange this product**.**

B

빈칸에 알맞은 영어 표현을 써 본 후, 정답을 확인하세요.
그런 다음 들려 주는 대화를 여러 번 반복해서 연습하세요.

1 A _____ have time? 시간 있으세요?
  B No, _____. 아니요, 지금은 시간이 없어요.

2 A _____ soccer? 너 축구 좋아하니?
  B No, _____. 아니, 난 야구 좋아해.

3 A _____ they broke up? 그들이 헤어졌다는 말이에요?
  B Yes, I mean, _____. 네, 제 말은, 그게 사실이라는 거죠.

4 A _____ we should buy something?
    우리가 뭐 좀 사야 할까요?
  B Yes, I think _____.
    네, 식료품을 좀 사야 할 것 같아요.

5 A _____ swim in the pool? 수영장에서 수영하고 싶어요?
  B No, _____.
    아니요, 전 잠 좀 자고 싶어요.

정답　　1. Do you, I don't have time now　　2. Do you like, I like baseball
　　　　3. Do you mean, it's true　　4. Do you think, we should buy some
groceries　　5. Do you want to, I want to have some sleep

저는 ~에서 왔어요. | **I'm from ~.**

쉬운 패턴부터 해결하기 I 문장을 듣고 따라 말해 보세요. ☐ ☐ ☐ ☐ ☐

저는 한국에서 왔어요.

— **I'm from South Korea.**

저는 <u>스페인</u>에서 왔어요.
싱가포르/필리핀

— **I'm from Spain.**
[Singapore / the Philippines]

저는 <u>이탈리아</u>에서 왔어요.
스위스/아일랜드

— **I'm from Italy.**
[Switzerland / Ireland]

저는 서울 출신입니다.

— **I'm from Seoul.**

저는 고향이 대구예요.

— **I'm from Daegu.**

I'm from South Korea.

저는 **한국**에서 왔어요.

MP3 036

출신지 외에 부서나 소속 단체를 이렇게 표현할 수 있어요.

저는 <u>뉴욕</u>에서 왔어요.
파리

I'm from New York.
[Paris]

저는 우체국에서 왔습니다.

I'm from the post office.

저는 ABC전자에서 왔습니다.

I'm from ABC Electronics.

저는 본사에서 왔습니다.

I'm from the headquarters.

저는 <u>영업부</u> 소속입니다.
마케팅부

I'm from the sales department.
[the marketing department]

| ~하러 여기 왔어요. | I'm here to ~. |

쉬운 패턴부터 해결하기 | 문장을 듣고 따라 말해 보세요. ☐ ☐ ☐ ☐ ☐

당신을 보러 여기 왔어요.
너와 이야기하다

— **I'm here to** see you.
[talk with you]

널 도우려고 여기 왔어.

— **I'm here to** help you.

(병원에서) 베이커 선생님을 뵈러 왔습니다.

— **I'm here to** meet Dr. Baker.

나 여기 뭐 좀 먹으러 왔어.

— **I'm here to** have some food.

여기 작별 인사하러 왔어요.
인사하다

— **I'm here to** say goodbye.
[say hello]

I'm here to see you.

당신을 보러 여기 왔어요.

MP3 037

여기 옷 좀 사러 왔어요.

I'm here to buy some clothes.

여기 뭐 좀 확인하러 왔어요.
너에게 뭐 좀 물어보다

I'm here to check something.
[ask you something]

제 차를 가지러 여기 왔는데요.
세탁물

I'm here to pick up my car.
[laundry]

자유 시간 좀 가지려고 여기 왔어요.

I'm here to get some free time.

너에게 소식을 좀 전하려고 여기 왔어.

I'm here to tell you about some news.

87

UNIT 013 ^{서술, 기쁨}

~해서 기뻐. | **I'm glad ~.**

쉬운 패턴부터 해결하기 | 문장을 듣고 따라 말해 보세요.

네가 와서 **기뻐.**

— **I'm glad** you came.

우리가 <u>도울</u> 수 있어서 **기뻐.**
함께 일하다

— **I'm glad** we can help.
  [work together]

너도 그것을 좋아한다니 **기뻐.**

— **I'm glad** you like it too.

우리가 여기 오게 돼서 **기분이 좋아.**

— **I'm glad** we came here.

널 우연히 만나다니 **정말 반가워.**

— **I'm glad** I ran into you.

I'm glad you came.

네가 와서 기뻐.

MP3 038

I'm glad 대신 I'm happy를 써도 같은 의미이고, 문맥에 따라 감사의 마음이 내포돼 있어요.

내가 이 상을 받게 돼서 기뻐.

I'm happy I won this prize.

당신이 그것에 대해 말해 줘서 기뻐요.
진실

I'm happy you told me about it.
[the truth]

당신이 좋은 시간을 보냈다니까 기분이 좋아요.
주말/휴가·방학

I'm happy you had a great time.
[weekend / vacation]

네가 그 결정을 해서 기뻐.
왔다

I'm happy you made the decision.
[made it]

와 줘서 고마워.

I'm happy you are here.

89

UNIT 014 서술, 걱정, 염려

~가 걱정돼요. | I'm worried about ~.

쉬운 패턴부터 해결하기 | 문장을 듣고 따라 말해 보세요.

□ □ □ □ □

그 아이들이 **걱정돼.**

— **I'm worried about** the children.

당신 건강이 **걱정돼요.**
안전

— **I'm worried about** your health.
[safety]

할머니가 **걱정돼.**
부모님

— **I'm worried about** my grandmother.
[parents]

내 항공편이 **걱정돼.**

— **I'm worried about** my flight.

차가 막힐**까 봐 걱정돼.**

— **I'm worried about** the traffic.

I'm worried about your health. 당신 건강이 걱정돼요.

MP3 039

명사 표현 외에 '동사-ing'가 오기도 해요.

시간이 지연되는 것이 **걱정돼요.**

I'm worried about the delay.

<u>소음</u> **때문에 걱정돼요.**
날씨

I'm worried about the noise.
[the weather]

내 <u>프레젠테이션</u> **때문에 걱정돼.**
면접

I'm worried about my presentation.
[interview]

빡빡한 일정**이라서 걱정되네요.**

I'm worried about the tight schedule.

제시간에 거기 도착할 수 있을**지 걱정돼.**

I'm worried about getting there on time.

UNIT 015 고려, 계획

| 나 ~할까
생각 중이야. | **I'm thinking about ~.** |

쉬운 패턴부터 해결하기 ㅣ 문장을 듣고 따라 말해 보세요. ☐ ☐ ☐ ☐ ☐

나 로스쿨에 갈까 **생각 중이야.**

— **I'm thinking about** going to law school.

회사를 그만둘까 **생각 중이야.**

— **I'm thinking about** quitting my job.

나 그 일에 지원할까 **생각 중이야.**

— **I'm thinking about** applying for the job.

나 이탈리아에 갈까 **생각 중이야.**
호주

— **I'm thinking about** going to Italy.
[Australia]

그 콘서트에 갈까 **생각 중이야.**

— **I'm thinking about** going to
the concert.

I'm thinking about going to Italy. 나 이탈리아에 갈까 생각 중이야.

MP3 040

나 집을 살까 생각 중이야.
차

I'm thinking about buying a house.

[car]

나 창업을 할까 생각 중이야.

I'm thinking about starting a business.

호텔에서 묵을까 고민 중이에요.

I'm thinking about staying in a hotel.

그를 거기에 데려갈까 생각 중이에요.

I'm thinking about taking him there.

나 집들이를 할까 생각 중이야.
크리스마스 파티

I'm thinking about holding a housewarming party.

[Christmas party]

93

막 ~하려던
참이야.

I'm about to ~.

쉬운 패턴부터 해결하기 | 문장을 듣고 따라 말해 보세요.   ☐ ☐ ☐ ☐ ☐

막 나가려던 참이야.
그것을 하다

— **I'm about to** leave.
[do it]

막 거기에 가려던 참이야.

— **I'm about to** go there.

눈물이 날 것 같아.

— **I'm about to** cry.

걔한테 전화하려던 참이야.
너에게 회신전화를 하다

— **I'm about to** call him.
[call you back]

막 점심 먹으려던 참이야.
아침/저녁

— **I'm about to** have lunch.
[breakfast / dinner]

I'm about to go there.

막 **거기에 가려던** 참이야.

MP3 041

막 산책 나가려던 참이야.
낮잠 자다

I'm about to take a walk.
[take a nap]

막 관광하러 가려던 참이에요.
밖에 나가다

I'm about to go on a tour.
[go out]

해변에 가려던 참이야.

I'm about to head to the beach.

막 당신에게 질문하려던 참이에요.

I'm about to ask you a question.

그 책을 막 읽기 시작하려던 참이야.

I'm about to start reading the book.

죄송하지만 ~해요.	**I'm afraid ~.**

쉬운 패턴부터 해결하기 ǀ 문장을 듣고 따라 말해 보세요.　　□ □ □ □ □

미안하지만 난 못 갈 것 같아.
참석하다

— **I'm afraid** I can't come.
　　　　　　　　[make it]

죄송하지만 그녀는 여기 없어요.
외근 중인

— **I'm afraid** she is not here.
　　　　　　　　[out of the office]

죄송하지만 저 오늘 늦을 것 같아요.

— **I'm afraid** I'll be late today.

미안하지만 난 시간이 없어.

I'm afraid I don't have time.

미안하지만 네가 와야 할 것 같아.
결정을 내리다

I'm afraid you'll have to come.
　　　　　　　　　[make a decision]

I'm afraid she is not here.
죄송하지만 그녀는 여기 없어요.

MP3 042

상대방 입장에서 안 좋은 소식을 전할 때 쓰는 표현이에요.

죄송하지만 기다리셔야 할 **것 같습니다.**
I'm afraid you may have to wait.

죄송하지만 그건 어려울 **것 같아요.**
불가능한
I'm afraid that would be difficult.
[impossible]

유감이지만 그건 효과가 없을 **거야.**
I'm afraid that's not going to work.

미안하지만 우리 그거 취소해야 할 **것 같아.**
I'm afraid we'll have to cancel it.

죄송합니다만 오늘은 예약이 다 **찼네요.**
그날은
I'm afraid we're fully booked today.
[on that day]

나 ~해야 해. | **I need to ~.**

쉬운 패턴부터 해결하기 | 문장을 듣고 따라 말해 보세요.

□ □ □ □ □

나 오늘 쇼핑하러 가**야 해.**

I need to go shopping today.

그 양식을 작성해**야 해.**
빈칸을 채우다

I need to fill out the form.
[fill in the blanks]

나 예약해**야 해.**

I need to make a reservation.

나 이메일 보내**야 해.**

I need to send an e-mail.

나 병원 좀 가 봐**야 해.**
서류를 검토하다

I need to go to a doctor's office.
[go over the document]

I need to go to Gate B.

나 게이트 B로 가야 해.

MP3 043

내 차 세차해**야겠어.**
(정비소 등에서) 내 차를 수리하다

I need to wash my car.
[have my car fixed]

나 <u>컴퓨터</u> 좀 써**야 해.**
프린터

I need to use a computer.
[printer]

나 게이트 B로 가**야 해.**

I need to go to Gate B.

나 공항에 가**야 해.**

I need to go to the airport.

제 여권을 갱신해**야 해요.**
운전면허증

I need to renew my passport.
[driver's license]

~하고 싶어요. | **I'd like to ~.**

쉬운 패턴부터 해결하기 ㅣ 문장을 듣고 따라 말해 보세요. ☐ ☐ ☐ ☐ ☐

저는 곧 가 보려 합니다.

— **I'd like to** leave soon.

시내에 가고 싶어.

— **I'd like to** go downtown.

메뉴판을 보고 싶은데요.
와인 리스트

— **I'd like to** see the menu.
[the wine list]

저 스카프를 사고 싶은데요.
저 코트 / 저것

— **I'd like to** buy that scarf.
[that coat / that one]

커피 마시고 싶어.
물 / 맥주

— **I'd like to** have some coffee.
[water / beer]

I'd like to reserve a room.
방을 하나 예약하고 싶어요.

MP3 044

I want to ~보다 점잖은 느낌을 주는 표현이에요.

나도 같이 가고 **싶어.**

I'd like to come with you.

메시지를 남기고 **싶은데요.**

I'd like to leave a message.

<u>질문 하나</u> **할게요.**
질문 몇 가지

I'd like to ask you a question.
[a few questions]

방을 하나 예약하고 **싶어요.**

I'd like to reserve a room.

여행 일정표에 대해 논의하고 **싶어요.**

I'd like to discuss the itinerary.

101

나한테 ~가 있어. | **I have ~.**

쉬운 패턴부터 해결하기 | 문장을 듣고 따라 말해 보세요. ☐☐☐☐☐

영수증이 있어요.

— **I have** a receipt.

저 질문 있어요.
부탁할 것

— **I have** a question.
[a favor to ask]

나한테 좋은 기회가 생겼어.

— **I have** a good opportunity.

나 그때 약속 있는데.
치과 예약

— **I have** an appointment **then.**
[a dental appointment]

나한테 좋은 생각이 있어.
좋은 소식

— **I have** a good idea.
[some good news]

I have **a good idea.**

나한테 좋은 생각이 있어.

MP3 045

I have ~ 대신 I've got ~을 써도 마찬가지 의미예요.

전화가 왔네.

제인이 보낸 문자

I've got a phone call.
[message from Jane]

지금 시간이 좀 있어요.

I've got some time now.

나한테 계획이 있어.

다른 약속

I've got a plan.
[other plans]

난 선택의 여지가 없어.

I've got no choice.

나 거기 회원권이 있어.

I've got a membership there.

| 기분이 ~해. | **I feel ~.** |

쉬운 패턴부터 해결하기 | 문장을 듣고 따라 말해 보세요.

기분이 좋아.

— **I feel** good.

기분이 안 좋아.

— **I feel** bad.

몸이 안 좋아.
컨디션이 안 좋은

— **I feel** sick.
[under the weather]

피곤해.
너무나 지친/어지러운

— **I feel** tired.
[exhausted / dizzy]

무서워.

— **I feel** scared.

I feel good.
기분이 좋아.

MP3 046

감정이나 상태를 나타내는 단어는 모두 넣어 쓸 수 있어요.

죄책감이 들어.
기분이 이상한

I feel guilty.
[weird]

안심이 **돼.**

I feel relieved.

걔가 안쓰러워.

I feel sorry for him.

이제 많이 좋아진 **것 같아.**

I feel much better now.

조금 우울한 **기분이 들어.**
실망한/좌절감을 느끼는

I feel a little depressed.
[disappointed/frustrated]

105

~라면 좋을 텐데. | **I wish ~.**

쉬운 패턴부터 해결하기 | 문장을 듣고 따라 말해 보세요.   ☐ ☐ ☐ ☐ ☐

행운이 있**기를 빌게.**

— **I wish** you best of luck.

네가 여기 있으**면 좋을 텐데.**

— **I wish** you were here.

내가 도울 수 있다**면 좋을 텐데.** (돕기 어렵다는 뜻)
더 오래 머물다

— **I wish** I could help.
[stay longer]

내가 거기에 있었다**면 좋았을 텐데.**

— **I wish** I had been there.

네가 좀 조용히 하**면 좋겠어.**
친절한

— **I wish** you would be quiet.
[nice]

I wish you were here.
네가 여기 있으면 좋을 텐데.

MP3 **047**

wish to+동사원형은 want to의 의미고요, 뒤에 주어+동사가 오면 아쉬움의 뜻을 나타내요.

즐거운 성탄절 **보내세요.**

I wish you a merry Christmas.

행복한 새해 맞**으시기를 바랍니다.** (새해 복 많이 받으세요.)
부활절/핼러윈

I wish you a happy New Year.
[Easter/Halloween]

무슨 일이 있었는지 내가 안다**면 좋을 텐데.**

I wish I knew what happened.

매니저와 얘기 좀 나누**고 싶습니다.**

I wish to speak with the manager.

내가 그걸 미리 알았다**면 좋았을 텐데.**
더 일찍

I wish I had known that before.
[earlier]

| ~가 궁금해.
~인지 모르겠어. | I wonder ~. |

쉬운 패턴부터 해결하기 | 문장을 듣고 따라 말해 보세요.   ☐ ☐ ☐ ☐ ☐

그녀가 누구**인지 궁금해.**
저 여자분

— **I wonder** who she is.
[that lady]

네가 어디 있는**지 궁금해.**

— **I wonder** where you are.

그녀가 **왜** 안 왔을까?
인사하다

— **I wonder** why she didn't come.
[say hello]

음식이 입에 맞으시는**지 모르겠네요.**

— **I wonder** if you like the food.

개가 그것을 할**까?**

— **I wonder** if she's going to do it.

I wonder if we could go there.

우리가 거기에 갈 수 있을지 모르겠어.

MP3 048

'궁금하다'는 의미를 내포하는 패턴이에요.

그것이 진실인지 궁금해.

실현 가능한

I wonder whether that is true.
[realistic]

우리가 거기에 갈 수 있을지 모르겠어.

I wonder if we could go there.

우리가 비용을 감당할 수 있을지 모르겠어.

I wonder if we could afford it.

그들이 어떻게 그걸 할 수 있었는지 궁금해.

알아내다

I wonder how they could do it.
[find out]

네가 그것에 대해 말해 줄 수 있을까?

I wonder if you could tell me about it.

A

오른쪽 영어 문장을 가리고 우리말만 보고 영어로 말해 보세요.
그런 다음 들려 주는 문장을 따라 말해 보세요.

01 저는 한국에서 왔어요.   **I'm from** South Korea.

02 나 여기 뭐 좀 먹으러 왔어.   **I'm here to** have some food.

03 널 우연히 만나다니 정말 반가워.   **I'm glad** I ran into you.

04 차가 막힐까 봐 걱정돼.   **I'm worried about** the traffic.

05 나 창업을 할까 생각 중이야.   **I'm thinking about** starting
                                          a business.

06 막 산책 나가려던 참이야.   **I'm about to** take a walk.

07 미안하지만 난 못 갈 것 같아.   **I'm afraid** I can't come.

08 나 공항에 가야 해.   **I need to** go to the airport.

09 메시지를 남기고 싶은데요.   **I'd like to** leave a message.

10 저 질문 있어요.   **I have** a question.

11 피곤해.   **I feel** tired.

12 네가 여기 있으면 좋을 텐데.   **I wish** you were here.

13 그녀가 왜 안 왔을까?   **I wonder** why she didn't come.

B

MP3 049

빈칸에 알맞은 영어 표현을 써 본 후, 정답을 확인하세요.
그런 다음 들려 주는 대화를 여러 번 반복해서 연습하세요.

1 A **Where are you from?** 어디서 오셨지요?
   B **I'm from _____, _____.** 저는 한국의 서울에서 왔습니다.

2 A **How can I help you?** 무엇을 도와드릴까요?
   B **_____ buy some clothes.**
      여기 옷 좀 사러 왔는데요.

3 A **Congratulations, Jane.** 축하해, 제인.
   B **Thanks. _____ you came.** 고마워. 네가 와 줘서 기뻐.

4 A **_____ today.** 오늘 몸이 안 좋아요.
   B **_____ your health.** 당신 건강이 걱정돼요.

5 A **Do you have plans for the summer vacation?**
      여름 휴가 계획 있으세요?
   B **_____ going to Hawaii.**
      하와이에 갈까 생각 중이에요.

6 A **Would you like to join a party at Susan's house?**
      수잔의 집에서 열릴 파티에 같이 갈래요?
   B **_____ I can't come.** 미안하지만 못 갈 것 같아요.

CHAPTER

3

너와 나의 패턴

대인 관계 윤활유 패턴

제가 ~해야 해요? | **Do I have to ~?**

쉬운 패턴부터 해결하기 | 문장을 듣고 따라 말해 보세요.   ☐ ☐ ☐ ☐ ☐

제가 이걸 해야 해요?
외우다

Do I have to do **this?**
[memorize]

내가 이것을 읽어야 해?
책 전체

Do I have to read this**?**
[the whole book]

내가 택시를 잡아야 할까?
택시를 타다

Do I have to catch a cab**?**
[take a taxi]

제가 하나 더 사야 해요?

Do I have to buy another one?

제 소개를 해야 하나요?

Do I have to introduce myself?

Do I have to do this?

제가 **이걸 해야** 해요?

MP3 050

해도 그만 안 해도 그만이 아닌, 꼭 해야 하는 일을 말할 때 써요.

수영복을 가져가야 해?

내 전용 수건

Do I have to bring my swimsuit?

[my own towel]

제가 오늘 늦게까지 일해야 하나요?

Do I have to work late today?

여기서 오래 기다려야 하나요?

Do I have to wait here a long time?

무슨 일이 있었는지 걔한테 얘기해야 해?

Do I have to tell her what happened?

제가 비행기 시간을 변경해야 하나요?

내 비밀번호

Do I have to change the flight schedule?

[my password]

| 너 ~해야 해. | You have to ~. |

쉬운 패턴부터 해결하기 | 문장을 듣고 따라 말해 보세요.

조심해야 해.

— You have to be careful.

너 살 좀 빼야 해.
살이 찌다

— You have to lose weight.
[gain weight]

너 담배 끊어야 해.
음주

— You have to stop smoking.
[drinking]

그들한테 전화해 줘야 해요.

— You have to give them a call.

제시간에 거기 도착해야 해.
오후 6시 전에

— You have to be there on time.
[before 6 p.m.]

You have to **go there with me.**

너 나랑 같이 거기 가야 해.

MP3 051

너 나랑 같이 거기 가야 해.

You have to go there with me.

손 씻어야 해.
머리를 감다

You have to wash your hands.
[wash you hair]

네 방 좀 치워야 해.
정리하다

You have to clean up your room.
[tidy up]

너 약 먹어야 해.

You have to take some medicine.

너 그 약속을 취소해야 해.

You have to cancel the appointment.

117

| 나 ~해야 해. | I have to ~. |

쉬운 패턴부터 해결하기 I 문장을 듣고 따라 말해 보세요. ☐ ☐ ☐ ☐ ☐

나 걔 만나야 해.

— I have to see her.

난 이걸 곧 끝내야 해.
내일 아침까지

— I have to finish this soon.
[by tomorrow morning]

나 그거 취소해야 해.

— I have to cancel that.

난 그 애를 집에 데려다줘야 해.

— I have to take her home.

나 이제 나가 봐야 해.

— I have to go out now.

I have to go out now.
나 이제 나가 봐야 해.

MP3 052

I have to ~ 대신 I've got to ~를 써도 같은 의미예요.

나 뭐 좀 먹어야겠어.

I've got to eat something.

내가 계산을 해야 해.

I've got to pay the bill.

다시 일하러 가 봐야겠어요.

I've got to get back to work.

너랑 잠시 이야기 좀 해야겠어.

I've got to talk to you for a second.

걔한테 <u>수영하는 법</u>을 가르쳐 줘야 해.
운전하는 법

I've got to teach her how to swim.
[how to drive]

119

UNIT 004 권유, 부정

네가 ~할
필요 없어.

You don't have to ~.

쉬운 패턴부터 해결하기 | 문장을 듣고 따라 말해 보세요. ☐ ☐ ☐ ☐ ☐

그거 확인할 필요 없어.

— **You don't have to check it.**

미안해할 필요 없어요.
완벽한

— **You don't have to be** sorry.
[perfect]

그거 사지 않아도 돼요.
돈을 내다

— **You don't have to** buy them.
[pay for it]

비자를 받을 필요는 없어.

— **You don't have to** get a visa.

그녀에게 그거 말 안 해도 돼.

— **You don't have to** tell her that.

You don't have to **be sorry.**

미안해할 필요 없어요.

MP3 053

have to 대신에 need to를 써도 같은 의미예요.

네가 그렇게 할 **필요 없어.**

You don't need to do that.

메모할 **필요는 없어.**

You don't need to take notes.

그것을 찾아볼 **필요는 없어.**

You don't need to look it up.

<u>오늘</u> 끝내지 **않아도 돼요.**
내일까지

You don't need to finish it today.

[by tomorrow]

<u>그것에 대해 걱정</u> **안 해도 돼.**
자책하다

You don't need to worry about it.

[blame yourself]

너 ~하지 않잖아. | **You don't ~.**

쉬운 패턴부터 해결하기 | 문장을 듣고 따라 말해 보세요. ☐ ☐ ☐ ☐ ☐

당신은 그렇게 생각하지 않잖아요.

— **You don't** think so.

너 생선 안 먹잖아.
고기

— **You don't** eat fish.
[meat]

너 패스트푸드 안 좋아하잖아.

— **You don't** like fast food.

너 걔 이름 모르잖아.
얼굴

— **You don't** know his name.
[face]

너 중국어 못 하잖아.
스페인어 / 베트남어

— **You don't** speak Chinese.
[Spanish / Vietnamese]

You don't like fast food.

너 패스트푸드 안 좋아하잖아.

MP3 054

평소에 하지 않는 걸 표현해요.

너 담배 안 피우잖아.

You don't smoke cigarettes.

너 돈 별로 없잖아.

You don't have much money.

당신은 형제자매가 없잖아요.
남동생들

You don't have brothers or sisters.
[younger brothers]

라디오를 꺼도 괜찮지?
텔레비전

You don't mind turning off the radio.
[the TV]

우리가 그것을 연기해도 괜찮죠?

You don't mind if we postpone it.

UNIT 006 서술, 상대방

넌 ~해. | **You're ~.**

쉬운 패턴부터 해결하기 ᅵ 문장을 듣고 따라 말해 보세요.   ☐ ☐ ☐ ☐ ☐

네 말이 맞아.
틀린

You're right.
[wrong]

넌 재능이 있어.

You're talented.

당신은 참 상냥하시네요.
친절한

You're very nice.
[kind]

넌 참 용감해.
사려 깊은

You're very brave.
[thoughtful]

당신이 첫 손님이세요.

You're the first guest.

You're very nice.

당신은 참 상냥하시네요.

MP3 055

상대방의 상태, 성품, 직위 등을 나타낼 수 있어요.

너 스포츠 좋아하는구나.
축구

You're a sports fan.
[soccer]

당신이 우리 여행 가이드시군요.

You're our tour guide.

당신은 좋은 상사세요.
선생님

You're a good supervisor.
[teacher]

제 자리에 앉아 계시네요.

You're in my seat.

너 정말 빨리 배우는구나.

You're such a fast learner.

125

UNIT 007 서술, 의무, 권고

너 ~해야 해. | You should ~.

쉬운 패턴부터 해결하기 | 문장을 듣고 따라 말해 보세요.

□ □ □ □ □

너 그거 한번 해 봐야 해.

— You should try it.

당신 거기 방문해 봐야 해요.

— You should visit there.

넌 그것에 대해 생각해 봐야 해.

— You should think about it.

당신은 택시를 타야 해요.
버스/지하철

— You should take a taxi.
[a bus / the subway]

마스크를 써야 해요.
헬멧

— You should wear a mask.
[helmet]

You should try it.
너 그거 한번 해 봐야 해.

MP3 056

하면 좋지만 꼭 안 해도 되는 내용을 말할 때 써요.

너 옷 갈아입는 게 좋겠어.

You should change clothes.

와서 이것 좀 보세요.

You should come and see it.

병원에 가 보는 게 좋겠어요.

You should go to the hospital.

너 물 좀 마시는 게 좋겠어.
규칙적으로 운동하다

You should drink some water.
[exercise regularly]

너 아내와 이야기하는 게 좋겠어.
남편 / 부모님

You should talk with your wife.
[husband / parents]

| ~했어야 했는데. | **I should've ~.** |

쉬운 패턴부터 해결하기 | 문장을 듣고 따라 말해 보세요. ☐☐☐☐☐

너에게 <u>전화했</u>어야 했는데.
도와줬다

I should've called you.
[helped]

그에게 말했어야 했는데.

I should've told him.

그걸 시도해 볼 걸 그랬어.

I should've tried that.

내가 거기 있었어야 했는데.

I should've been there.

그 물건을 살 걸 그랬어.

I should've bought the item.

I should've taken your advice.

네 조언을 들었어야 했는데.

MP3 057

과거에 안 해서 현재 후회하는 느낌을 전하는 표현이에요.

네 조언을 들었어야 했는데.
따랐다

I should've taken your advice.
[followed]

내가 더 조심했어야 했는데.
자세한

I should've been more careful.
[specific]

내가 어제 그것을 끝냈어야 했는데.

I should've finished it yesterday.

그때 그녀의 얼굴을 볼 걸 그랬어.

I should've seen her face then.

그 제안을 거절했어야 했는데.
받아들였다

I should've turned down that offer.
[accepted]

너 ~해 보여. | # You look ~.

쉬운 패턴부터 해결하기 ㅣ 문장을 듣고 따라 말해 보세요.

너 <u>행복해</u> 보여.
슬픈

You look happy.
[sad]

너 아주 멋져 보인다.

You look great.

너 긴장한 것 같아.
걱정하는 / 화난

You look nervous.
[worried / angry]

너 젊어 보여.

You look younger.

너 오늘 멋지다.

You look handsome today.

You look **happy**.
너 **행복해** 보여.

MP3 058

look 뒤에는 형용사, look like 뒤에는 명사나 '주어+동사'의 형태가 와요.

너 엄마 닮았구나.
아빠

You look like your mother.
[father]

너 잠을 잘 못 잔 것 같네.
잘

You look like you slept badly.
[well]

너 무슨 문제가 있어 보이는데.

You look like you're in trouble.

너 20대처럼 보여.
20대 초반/20대 후반

You look like you're in your 20s.
[early 20s / late 20s]

너 살이 좀 빠진 것 같아.

You look like you've lost some weight.

REVIEW 1

A

오른쪽 영어 문장을 가리고 우리말만 보고 영어로 말해 보세요.
그런 다음 들려 주는 문장을 따라 말해 보세요.

01 제가 이걸 해야 해요? **Do I have to** do this?

02 조심해야 해. **You have to** be careful.

03 나 그거 취소해야 해. **I have to** cancel that.

04 미안해할 필요 없어요. **You don't have to** be sorry.

05 너 걔 이름 모르잖아. **You don't** know his name.

06 당신이 우리 여행 가이드시군요. **You're** our tour guide.

07 마스크를 써야 해요. **You should** wear a mask.

08 그걸 시도해 볼 걸 그랬어. **I should've** tried that.

09 너 젊어 보여. **You look** younger.

B

빈칸에 알맞은 영어 표현을 써 본 후, 정답을 확인하세요.
그런 다음 들려 주는 대화를 여러 번 반복해서 연습하세요.

1 A You have to _____. 너 나랑 같이 거기 가야 해.

   B OK. Do I have to _____?
      알았어. 내 소개를 해야 해?

2 A _____ take her home. 나 그녀를 집에 데려다줘야 해.

   B _____ do that. 그럴 필요 없어.

3 A Shall we go to have hamburgers? 우리 햄버거 먹으러 갈래?

   B _____ like fast food.
      너 패스트푸드 안 좋아하잖아.

4 A You look _____ today.
      당신 오늘 지쳐 보이네요.

   B Thanks for saying that. You're _____.
      그렇게 말해 줘서 고마워요. 당신 참 상냥하시네요.

5 A See? I told you to be careful. 봤지? 내가 조심하라고 했잖아.

   B _____ your advice. 네 조언을 들었어야 했는데.

133

~해서 미안해. | **Sorry to ~.**

쉬운 패턴부터 해결하기 | 문장을 듣고 따라 말해 보세요.   ☐ ☐ ☐ ☐ ☐

(말하는 데) 방해해서 **미안해.**

— **Sorry to interrupt.**

귀찮게 해서 **미안해.**
방해하다/화나게 하다

— **Sorry to bother you.**
[disturb / upset]

그 말을 들으니 유감이네요.

— **Sorry to hear that.**

떠나신다니 안타깝네요.

— **Sorry to see you go.**

실망시켜 드려서 **죄송해요.**
그렇게 까다롭게 굴다

— **Sorry to disappoint you.**
[be so difficult]

Sorry to bother you.

귀찮게 해서 미안해.

MP3 060

Sorry to ~는 '미안한 마음'과 '유감스러운 마음'을 전할 때 모두 쓸 수 있어요.

기다리게 해서 **미안해.**

Sorry to keep you waiting.

자는데 깨워서 **미안해.**

Sorry to have woken you up.

죄송한데 저희는 그거 못 할 것 같아요.

Sorry to say that we can't do that.

못 오신다고 들어서 **유감이네요.**
당신이 이사를 갈 거다

Sorry to hear that you won't come.
[you're moving away]

어머니께서 편찮으시다니 **유감이네요.**
당신이 그동안 아팠다

Sorry to hear that your mother is ill.
[you've been sick]

~해줘서 고마워.	**Thank you for ~.**

쉬운 패턴부터 해결하기 | 문장을 듣고 따라 말해 보세요. ☐ ☐ ☐ ☐ ☐

시간 내 **주셔서 고맙습니다.**
따뜻하게 환영

— **Thank you for** your time.
　　　　　　　　　[warm welcome]

도와**줘서 고마워.**
수고

— **Thank you for** your help.
　　　　　　　　　[hard work]

전화 **줘서 고마워.**
물어봄

— **Thank you for** calling.
　　　　　　　　[asking]

선물 **고마워.**

— **Thank you for** your present.

친절에 **감사드려요.**

— **Thank you for** your kindness.

Thank you for your help.
도와줘서 고마워.

MP3 061

뒤에 명사나 '동사+ing'가 와요.

좋은 조언을 해 줘서 고마워요.

Thank you for the good tip.

제안해 주셔서 고맙습니다.

Thank you for your suggestion.

이해해 줘서 고마워.
조언

Thank you for your understanding.
[advice]

배려해 줘서 고마워.

Thank you for your consideration.

이곳에 와 주셔서 고맙습니다.

Thank you for coming here.

괜찮으면, ~. | **If you don't mind, ~.**

쉬운 패턴부터 해결하기 | 문장을 듣고 따라 말해 보세요. ☐ ☐ ☐ ☐ ☐

괜찮으면, TV 좀 꺼 줘.

— **If you don't mind,** turn off the TV.

괜찮으면, 네 컴퓨터 좀 쓸게.
노트북

— **If you don't mind,** let me use your computer.
[laptop]

괜찮으면, 차로 집에 태워다 줄게.
걸어서 집에 바래다주다

— **If you don't mind,** I'll drive you home.
[walk you home]

괜찮으면, 내가 지금 그걸 할게.

— **If you don't mind,** I'll do it now.

괜찮다면, 난 눈 좀 붙일게.
약간의 휴식을 취하다

— **If you don't mind,** I'll get some sleep.
[get some rest]

If you don't mind, I'll drive you home. 괜찮으면, 차로 집에 태워다 줄게.

MP3 062

광장히 공손한 느낌을 주는 표현이에요. 사용을 적극 권합니다.

괜찮으시면, 매니저에게 물어보겠습니다.

If you don't mind, I can ask the manager.

당신도 괜찮다면, 그거 아주 좋겠네요.

If you don't mind, that would be great.

네가 괜찮다면, 세라를 초대하고 싶어.

If you don't mind, I'd like to invite Sarah.

괜찮으시다면, 제가 여기 앉아도 될까요?
머무르다

If you don't mind, can I sit here?
[stay]

괜찮으시면, 당신 전화 좀 써도 될까요?
빌리다

If you don't mind, can I use your phone?
[borrow]

139

내가 너라면 ~하겠어.	**If I were you, I would ~.**

쉬운 패턴부터 해결하기 | 문장을 듣고 따라 말해 보세요. ☐ ☐ ☐ ☐ ☐

내가 너라면 그걸 사겠어.

— **If I were you, I would** buy it.

내가 너라면 그렇게 안 해.

— **If I were you, I would**n't do that.

나 같으면 걱정 안 하겠다.
포기하다

— **If I were you, I would**n't worry.
[give up]

내가 너라면 그들을 도울 거야.

— **If I were you, I would** help them.

나 같으면 그녀에게 데이트 신청할 거야.
그녀와 헤어지다

— **If I were you, I would** ask her out.
[break up with her]

If I were you, I would buy it.

내가 너라면 그걸 사겠어.

MP3 063

내가 너라면 그 일에 지원하겠어.

If I were you, I would apply for the job.

내가 너라면 로마에 갈 거야.
모스크바/프라하

If I were you, I would go to Rome.
[Moscow / Prague]

나 같으면 유학을 가겠어.

If I were you, I would study abroad.

내가 너라면 저 집을 사겠어.

If I were you, I would buy that house.

내가 너라면 그 제안 받아들일 거야.
초대

If I were you, I would accept
the proposal.
[the invitation]

141

~하지 마. | Don't ~.

쉬운 패턴부터 해결하기 | 문장을 듣고 따라 말해 보세요.

걱정하**지 마.**

Don't worry.

늦**지 마세요.**
학교에 지각하다

Don't be late.
[be late for school]

바보같이 굴**지 마.**
터무니없는/무례한

Don't be silly.
[ridiculous / rude]

긴장하**지 마.**
부끄러워하다

Don't get nervous.
[be shy]

다시는 그러**지 마.**

Don't do that again.

Don't worry.

걱정하지 마.

MP3 064

앞뒤에 please 없이, 혹은 공손함을 전해 주는 표현 없이
윗사람에게는 가급적 쓰지 않는 게 좋아요.

너무 스트레스 받**지 마.**

Don't be too stressed out.

나 화나게 하**지 마.**
나를 실망시키다

Don't make me angry.
[let me down]

별말씀을요. (고맙다는 말에 대한 대답으로 쓰임)

Don't mention it.

네 휴대폰 (챙기는 것) 잊**지 마.**

Don't forget your mobile phone.

문 잠그는 거 잊**지 마.**
나에게 전화하다

Don't forget to lock the door.
[call me]

부담 갖지 말고 ~하세요.	**Feel free to ~.**

마음껏 둘러보세요.

— **Feel free to** look around.

부담 갖지 말고 나한테 전화해.
연락하다

— **Feel free to** call me.
[contact]

편하게 앉으세요.

— **Feel free to** have a seat.

부담 갖지 말고 내 거 빌려 써.
사용하다

— **Feel free to** borrow mine.
[use]

부담 갖지 말고 천천히 해.

— **Feel free to** take your time.

Feel free to ask any questions.

부담 갖지 말고 **어떤 질문이든** 하세요.

MP3 065

상대방의 긴장된 마음을 풀어 주는 좋은 패턴입니다.

부담 갖지 말고 <u>어떤 질문이든</u> 하세요.
나에게 말하다

Feel free to ask any questions.
[talk to me]

부담 갖지 말고 하고 싶은 대로 해.

Feel free to do as you want.

부담 갖지 말고 <u>언제든 들르</u>세요.
나한테 문자하다

Feel free to come by anytime.
[text me]

편하게 한번 맛보세요.

Feel free to taste the sample.

<u>먹고 싶은 거</u> **편하게 먹**어.
마음껏 가져다 먹다

Feel free to eat what you want.
[help yourself]

~인지 꼭 확인해. | **Make sure ~.**

쉬운 패턴부터 해결하기 | 문장을 듣고 따라 말해 보세요. ☐ ☐ ☐ ☐ ☐

안전한지 꼭 확인해.
제대로 닫힌

— **Make sure** it is safe.
[closed properly]

문을 꼭 잠그세요.
창문을 닫다

— **Make sure** you lock the door.
[close the window]

마스크 꼭 챙겨.

— **Make sure** you have your mask.

안전벨트 꼭 매.
안전 장비를 착용하다

— **Make sure** you fasten your seat belt.
[wear the safety gear]

그 양식에 꼭 서명하세요.

— **Make sure** you sign the form.

Make sure it is safe.

안전한지 꼭 확인해.

MP3 066

모든 게 괜찮은지 **반드시 확인하세요.**

Make sure everything is OK.

우리에게 다른 선택 사항들이 있는**지 꼭 확인해.**

Make sure we have other options.

우리에게 돈이 충분히 있는**지 확인하도록 해.**
시간/사본

Make sure we have enough money.
[time / copies]

그들도 오늘이 괜찮은**지 확인하세요.**

Make sure today is fine with them.

그런 일이 다시는 일어나지 않**게 하세요.**

Make sure that won't happen again.

~하자.	**Let's ~.**

쉬운 패턴부터 해결하기 | 문장을 듣고 따라 말해 보세요. ☐ ☐ ☐ ☐ ☐

우리 여기서 기다리**자**.

— **Let's** wait here.

우리 거기 가**자**.

— **Let's** go there.

우리 잠깐 쉬**자**.
다시 일을 시작하다

— **Let's** take a break.
    [get back to work]

한잔 하**자**.

— **Let's** have a drink.

산책하러 가**자**.
드라이브하러 가다

— **Let's** go for a walk.
    [go for a ride]

Let's go there.
우리 거기 가자.

우리 점심 먹으러 가요.

Let's go to lunch.

우리 좀 일찍 나가죠.
(하던 걸 그만두며) 여기까지 하다

Let's leave early.
[call it a day]

우리 로비에서 만나요.
정문에서

Let's meet at the lobby.
[at the main entrance]

우리 대화 주제를 바꾸죠.
다음 주제로 넘어가다

Let's change the subject.
[move on to the next topic]

우리가 그걸 할 수 있을지 한번 보죠.

Let's see if we could do that.

~하지 말죠.	**Let's not ~.**

쉬운 패턴부터 해결하기 | 문장을 듣고 따라 말해 보세요.

우리 그 이야기는 하지 말자.
싸우다

— **Let's not** talk about it.
[fight]

우리 오늘 거기 가지 말자.

— **Let's not** go there today.

성급히 굴지 맙시다.

— **Let's not** be hasty.

오늘은 그것을 하지 말죠.

— **Let's not** do it today.

그녀를 방해하지 말자.
귀찮게 하다

— **Let's not** disturb her.
[bother]

Let's not do it today.

오늘은 그것을 하지 말죠.

MP3 068

우리 시끄럽게 하지 말자.

Let's not make noise.

너무 늦게 자지 말자.

Let's not stay up too late.

우리 식료품 사는 거 잊지 말자.
화장실 휴지

Let's not forget to buy groceries.
[toilet paper]

우리 계획을 변경하지 말죠.
모험을 하다

Let's not change our plans.
[take any chances]

우리 그 영화 보지 말자.
저녁 먹으러 나가다

Let's not watch that movie.
[go out for dinner]

~ 하겠습니다.	Let me ~.

쉬운 패턴부터 해결하기 | 문장을 듣고 따라 말해 보세요.

제가 들어드릴**게요**.

— **Let me** carry that for you.

내가 도와줄**게**.
도와주다

— **Let me** help you.
[give you a hand]

제 소개를 하겠**습니다**.

— **Let me** introduce myself.

내가 저 점원에게 얘기할**게**.

— **Let me** talk to that clerk.

잠깐 생각 좀 해 <u>보**고요**</u>.
그것을 한번 보다

— **Let me** think for a minute.
[take a look at it]

Let me introduce myself.

제 소개를 하겠습니다.

MP3 069

상대방을 높이는 느낌을 주면서 어떤 행동을 하겠다는 느낌을 풍겨요.

내 말 좀 들어 **봐.**

Let me tell you something.

차 키 좀 가져올**게.**

너에게 커피를 가져다주다

Let me get my car keys.
[get you some coffee]

나한테 결과 좀 알려 **줘.**

Let me know the result.

다 끝나면 **나한테** 알려 **줘.**

도움이 필요하면

Let me know when you're finished.
[if you need help]

제가 어떻게 하는지 알려 **줄게요.**

Let me show you how to do it.

REVIEW 2

A

오른쪽 영어 문장을 가리고 우리말만 보고 영어로 말해 보세요.
그런 다음 들려 주는 문장을 따라 말해 보세요.

01 실망시켜 드려서 죄송해요.　　　　　**Sorry to** disappoint you.

02 시간 내 주셔서 고맙습니다.　　　　　**Thank you for** your time.

03 괜찮으시다면, 제가 여기 앉아도 될까요?　**If you don't mind,** can I sit here?

04 내가 너라면 저 집을 사겠어.　　　　　**If I were you, I would** buy that house.

05 너무 스트레스 받지 마.　　　　　　　**Don't** be too stressed out.

06 부담 갖지 말고 어떤 질문이든 하세요.　**Feel free to** ask any questions.

07 모든 게 괜찮은지 반드시 확인하세요.　**Make sure** everything is OK.

08 우리 점심 먹으러 가요.　　　　　　　**Let's** go to lunch.

09 우리 식료품 사는 것 잊지 말자.　　　　**Let's not** forget to buy groceries.

10 제 소개를 하겠습니다.　　　　　　　**Let me** introduce myself.

B

빈칸에 알맞은 영어 표현을 써 본 후, 정답을 확인하세요.
그런 다음 들려 주는 대화를 여러 번 반복해서 연습하세요.

1 A _____, can I use your phone?
괜찮으시면, 당신 전화 좀 써도 될까요?

B OK, _____ borrow mine. 좋습니다. 부담 갖지 말고 빌려 쓰세요.

2 A _____ help you. 제가 도와드릴게요.

B _____ your help. 도와주셔서 고마워요.

3 A Let's _____ . 우리 로비에서 만나자.

B Don't _____ . 늦지 마.

4 A _____ you fasten your seat belt. 안전벨트 꼭 매.

B Don't _____ . 걱정 마세요.

5 A _____ go there today. 우리 오늘 거기 가지 말죠.

B _____ hear that. 그 말을 들으니 유감이네요.

6 A I really like her, but I don't know what to do.
난 정말 그녀가 좋지만, 무엇을 해야 할지 모르겠어.

B _____ , I would ask her out.
내가 너라면 그녀에게 데이트 신청할 텐데.

7 A Thank you for _____ . 친절히 대해 주셔서 고마워요.

B _____ . 별말씀을요.

155

CHAPTER
4

상대방을 배려하는 패턴

정보를 요청하는 패턴

~할 건가요?	**Will you ~? ❶**

쉬운 패턴부터 해결하기 | 문장을 듣고 따라 말해 보세요. ☐ ☐ ☐ ☐ ☐

여기서 드시겠어요?

— **Will you** dine here?

그 프린터 살 거야?
그 무선 마우스

— **Will you** buy the printer?
[the wireless mouse]

오늘 이거 쓰실 건가요?

— **Will you** use this today?

그 수업 들을 거야?

— **Will you** attend the class?

공항에 오실 건가요?
우리 집/파티

— **Will you** come to the airport?
[my house / the party]

Will you come to the airport?

공항에 오실 건가요?

MP3 071

로비에서 제인을 만날 거니?

Will you see Jane at the lobby?

신용카드로 결제하실 건가요?
현금으로 결제하다

Will you pay with a credit card?
[pay in cash]

다음 주에 휴가니?

Will you be on vacation next week?

오후 7시쯤에 집에 있을 거니?

Will you be home around 7 p.m.?

고속도로 휴게소에 들를 건가요?

Will you stop by a highway rest area?

~해 줄래요?	**Will you ~?** ❷

쉬운 패턴부터 해결하기 ┃ 문장을 듣고 따라 말해 보세요. ☐ ☐ ☐ ☐ ☐

저를 위해 그것을 해 **주시겠어요?**
내 부탁을 들어주다

Will you do that for me**?**
[do me a favor]

그와 같이 거기 가 **줄래요?**
그녀를 집에 데려다주다

Will you go there with him**?**
[take her home]

슈퍼마켓에 들러 **주겠니?**
내 사무실

Will you drop by the supermarket**?**
[my office]

마이클과 그걸 확인해 **주겠어요?**

Will you check it with Michael**?**

이 문서 좀 검토해 **주시겠어요?**

Will you review this document**?**

Will you go there with him?

그와 같이 거기 가 줄래요?

MP3 072

다 끝나면 나한테 전화 **줄래?**
네가 집에 도착하다

Will you call me when it's done?
[you get home]

그 이메일을 저한테 전달해 **줄래요?**

Will you forward the e-mail to me?

그 여행사에 연락해 **주시겠어요?**

Will you contact the travel agency?

그 공원에 가는 길 좀 알려 **주시겠어요?**
그 역

Will you give me directions to the park?
[the station]

이 씨에게 제가 늦는다고 말해 **줄래요?**

Will you tell Mr. Lee that I'll be late?

161

난 ~할 거야. 제가 ~할게요.	I'll ~.

쉬운 패턴부터 해결하기 ㅣ 문장을 듣고 따라 말해 보세요.　　□ □ □ □ □

금방 <u>그리로 갈게요.</u>
곧 돌아오다

— **I'll** be right there.
　　[be back soon]

바로 할게요.

— **I'll** do it right away.

제가 <u>차 좀 내올게요.</u>
더 가져다주다

— **I'll** bring you tea.
　　[bring you more]

제가 당신과 같이 갈게요.

— **I'll** come with you.

제가 <u>그걸</u> 처리할게요.
모든 것

— **I'll** take care of that.
　　　　[everything]

I'll take a trip to Busan.
난 **부산으로 여행 갈** 거야.

MP3 **073**

난 오후 2시에 나갈 거야.

4시쯤에

I'll leave at 2 p.m.
[around 4 o'clock]

나 내일 제시카를 만날 거야.

내일 아침 일찍

I'll meet Jessica tomorrow.
[early tomorrow morning]

난 부산으로 여행 갈 거야.

미국

I'll take a trip to Busan.
[the U.S.]

20분 후에 도착할 거예요.

I'll be there in 20 minutes.

난 밀린 잠을 잘 거야.

I'll catch up on my sleep.

163

~해 주시겠어요? ~하실 건가요?	**Would you ~?**

쉬운 패턴부터 해결하기 | 문장을 듣고 따라 말해 보세요. ☐ ☐ ☐ ☐ ☐

여기에 서명해 **주시겠어요?**

— **Would you** sign here**?**

이것 좀 도와**주시겠어요?**

— **Would you** help me with this**?**

여권 좀 보여 **주시겠어요?**
운전면허증

— **Would you** show me your passport**?**
[driver's license]

저 여행 가방 좀 들어 **주시겠어요?**

— **Would you** carry that suitcase**?**

좋은 레스토랑 좀 추천해 **주시겠어요?**

— **Would you** recommend a good restaurant**?**

Would you show me your passport? 여권 좀 보여 주시겠어요?

MP3 074

Will you ~로 물었을 때보다 훨씬 공손한 느낌을 줍니다.

투어를 하실 건가요?
앉다

Would you take a tour?
[take a seat]

그 이벤트를 신청하실 건가요?

Would you sign up for the event?

그녀에게 이메일로 연락할 건가요?

Would you contact her by e-mail?

여기 앉으**실래요**, 바깥에 앉으**실래요**?

Would you sit here or outside?

그것 좀 해주**시겠어요**?
창문을 여는 것

Would you mind doing that?
[opening the window]

165

UNIT 005

~하는 게 어때? | **Why don't you ~?**

쉬운 패턴부터 해결하기 | 문장을 듣고 따라 말해 보세요. ☐ ☐ ☐ ☐ ☐

린다에게 전화해 보는 게 어때?

Why don't you call Linda?

버스를 타는 게 어때?
택시를 타다

Why don't you take a bus?
[take a taxi]

저거 한번 입어 보는 게 어때요?

Why don't you try that on?

잠 좀 자두는 게 어때?
좀 쉬다

Why don't you get some sleep?
[get some rest]

커피 한 잔 하지 그래요?

Why don't you drink a cup of coffee?

환불을 요청하는 게 어때요?
Why don't you ask for a refund?

우리 집으로 오지 그래?
저녁 먹으러 오다
Why don't you come over to my house?
[come over for dinner]

그녀에게 문자를 보내는 게 어때요?
Why don't you send her a text message?

좀 더 계시다가 함께 저녁 드시지 그래요?
Why don't you stay a while for dinner?

와인 한 잔 주문하는 거 어때요?
한 잔 더 마시다
Why don't you order a glass of wine?
[have another drink]

| ~에 대해 어떻게 생각해? | **What do you think of ~?** |

쉬운 패턴부터 해결하기 | 문장을 듣고 따라 말해 보세요. □ □ □ □ □ □

이 블라우스 어때요?
내 머리 스타일

What do you think of this blouse?
[my hairstyle]

여기 음식 어떤 것 같아?
이곳

What do you think of the food here?
[this place]

그 영화에 대해 어떻게 생각해?

What do you think of the movie?

그 소설에 대해 어떻게 생각해?

What do you think of the novel?

그의 의견에 대해 당신 생각은 어때요?
내 제안

What do you think of his opinion?
[my suggestion]

What do you think of **the movie?** 그 **영화**에 대해 어떻게 생각해?

MP3 076

그 TV 프로에 대해 어떻게 생각해?

What do you think of the TV show?

이 그림에 대해 어떻게 생각하세요?
이 노래

What do you think of this painting?
[this song]

소셜 미디어에 대해 어떻게 생각하니?

What do you think of social media?

그 휴대폰 앱에 대해 어떻게 생각해?

What do you think of the mobile app?

그 후보자에 대해 어떻게 생각하세요?
나

What do you think of the candidate?
[me]

UNIT 007 제안, 문의, 의사

~는 어때요?	How about ~?

쉬운 패턴부터 해결하기 | 문장을 듣고 따라 말해 보세요. ☐ ☐ ☐ ☐ ☐

이거는 어때?
너

How about this one?
[you]

간식 좀 먹을까요?

How about a snack?

금요일에 (만나는 거) 어때?
화요일 저녁에/주말에

How about on Friday?
[on Tuesday evening/on the weekend]

오늘 저녁은 어때요?

How about this evening?

멕시코 음식은 어때요?
태국 음식/베트남 음식

How about Mexican food?
[Thai food/Vietnamese food]

How about **this evening**?

오늘 저녁은 어때요?

MP3 077

How about 뒤에는 주로 명사 또는 동사-ing 형태가 와요.

축구하는 거 어때?
농구하는 것

How about playing soccer?
[playing basketball]

도서관에 가는 건 어때?

How about going to the library?

우리와 함께 점심 먹는 거 어때요?

How about joining us for lunch?

2시에 출발하는 게 어때요?

How about leaving at 2 o'clock?

해변에서 산책하는 거 어때요?
신선한 바람 좀 쐬는 것

How about taking a walk at the beach?
[getting some fresh air]

우리 ~할까요? | **Shall we ~?**

쉬운 패턴부터 해결하기 I 문장을 듣고 따라 말해 보세요. ☐ ☐ ☐ ☐ ☐

우리 <u>음악 들을</u>까요?
춤추다

Shall we listen to music?
[dance]

<u>맥주 한 잔 할</u>까?
TV를 보다

Shall we have a beer?
[watch TV]

우리 오늘 밤에 외식할까?

Shall we eat out tonight?

우리 그거 같이 할까요?

Shall we do it together?

우리 <u>꽃 좀 살</u>까?
맥주

Shall we buy some flowers?
[beer]

Shall we go back to our hotel? 우리 호텔로 돌아갈까요?

MP3 078

우리 호텔로 돌아갈까요?
이제 집에 가다

Shall we go back to our hotel?
[go home now]

우리 탑승 게이트로 갈까요?
산책하러 가다

Shall we go to the boarding gate?
[go for a walk]

우리 네 시에 만날까요?

Shall we meet at 4?

우리 사진 찍을까요?

Shall we get our picture taken?

우리 여행 일정 같이 살펴볼까요?

Shall we look over the itinerary?

A

오른쪽 영어 문장을 가리고 우리말만 보고 영어로 말해 보세요.
그런 다음 들려 주는 문장을 따라 말해 보세요.

01 여기서 드시겠어요?

Will you dine here**?**

02 다 끝나면 나한테 전화 줄래?

Will you call me when it's done**?**

03 금방 그리로 갈게요.

I'll be right there**.**

04 좋은 레스토랑 좀 추천해 주시겠어요?

Would you recommend a good restaurant**?**

05 그녀에게 문자를 보내는 게 어때요?

Why don't you send her a text message**?**

06 소셜 미디어에 대해 어떻게 생각하니?

What do you think of social media**?**

07 멕시코 음식은 어때요?

How about Mexican food**?**

08 우리 음악 들을까요?

Shall we listen to music**?**

B

MP3 **079**

빈칸에 알맞은 영어 표현을 써 본 후, 정답을 확인하세요.
그런 다음 들려 주는 대화를 여러 번 반복해서 연습하세요.

1 A   _____ come to the airport? 공항에 오실 건가요?
  B   **Sure, I will.** 물론이죠, 갈게요.

2 A   **Will you forward** _____?
    그 이메일을 저한테 전달해 줄래요?
  B   **I'll** _____. 바로 할게요.

3 A   **Would you** _____? 이것 좀 도와주시겠어요?
  B   **Yes, I would.** 네, 도와드릴게요.

4 A   **Why don't you** _____? 저거 한번 입어 보는 게 어때?
  B   _____ **this one?** 이건 어때요?

5 A   **Shall we** _____? 우리 오늘 밤에 외식할까?
  B   **How about** _____? 금요일에 어때?

6 A   _____ **the novel?** 그 소설에 대해 어떻게 생각해?
  B   **I think it's interesting.** 재미있는 것 같아.

정답   **1. Will you**   **2. the e-mail to me, do it right away**
      3. help me with this   **4. try that on, How about**
      5. eat out tonight, on Friday   **6. What do you think of**

| 너 왜 ~해? | **Why are you ~?** |

쉬운 패턴부터 해결하기 ㅣ 문장을 듣고 따라 말해 보세요. ☐☐☐☐☐

너 오늘 **왜** 그렇게 조용**해?**
심각한

— **Why are you** so quiet today?
[serious]

너 **왜** 그렇게 신이 난 **거야?**

— **Why are you** so excited?

오늘 **왜** 그렇게 바쁜**데?**
피곤한

— **Why are you** so busy today?
[tired]

왜 그렇게 관심을 가지**는 건데?**

— **Why are you** so interested?

왜 그렇게 스트레스 받은 **거야?**
긴장한

— **Why are you** so stressed out?
[nervous]

Why are you so excited?
너 왜 그렇게 신이 난 거야?

MP3 080

Why are you -ing ~?는 '왜 ~하는 거야?'란 뜻으로 현재의 행동에 대한 이유를 물어요.

왜 런던에 가는 거예요?
그렇게 빨리

Why are you going to London?
[that fast]

왜 여기 앉아 있어요?

Why are you sitting here?

왜 아직도 일하시는 거예요?

Why are you still working?

그 책은 왜 사는 거야?

Why are you buying that book?

왜 오늘 재택근무하는 거예요?

Why are you working from home today?

왜 ~하지? | **Why am I ~?**

쉬운 패턴부터 해결하기 | 문장을 듣고 따라 말해 보세요. ☐ ☐ ☐ ☐ ☐

왜 이렇게 춥<u>지</u>?
화난

— **Why am I so cold?**
　　　　[angry]

왜 이렇게 졸리<u>지</u>?
배고픈

— **Why am I so sleepy?**
　　　　[hungry]

나 왜 이렇게 바보 같<u>지</u>?
감정적인

— **Why am I so stupid?**
　　　　[emotional]

내가 왜 그녀를 걱정하<u>는</u> 거지?

— **Why am I worried about her?**

왜 이렇게 집중이 안 <u>되</u>지?

— **Why am I unable to concentrate?**

Why am I so sleepy?
왜 이렇게 졸리지?

MP3 081

그냥 혼잣말을 할 때나 답을 얻고 싶을 때 모두 쓸 수 있어요.

내가 왜 또 이걸 하는 거지?

Why am I doing this again?

내가 왜 이 게시글을 보고 있는 거지?
여기서 내 시간을 허비하는

Why am I seeing this post?
[wasting my time here]

왜 이렇게 슬프지?
우울한

Why am I feeling so sad?
[depressed]

제가 왜 거기에 가고 있는 거죠?

Why am I going there?

제가 왜 그걸 계산해야 하죠?

Why am I being charged for that?

왜 ~하세요? | **Why do you ~?**

쉬운 패턴부터 해결하기 | 문장을 듣고 따라 말해 보세요. ☐ ☐ ☐ ☐ ☐

왜 물어보시는데요?

Why do you ask?

왜 그런 말을 하는 거죠?

매우 일찍 일어나다

Why do you say that?

[get up so early]

왜 가셔야 하는데요?

늦게까지 일하다

Why do you have to leave?

[work late]

왜 그렇게 지루해 보이세요?

심각한

Why do you look so bored?

[serious]

왜 혼자서 여행하세요?

Why do you travel by yourself?

Why do you travel by yourself? 왜 혼자서 여행하세요?

MP3 082

평소 하는 일의 이유를 물을 때 써요.

그 파일이 **왜** 필요하**세요**?

Why do you need that file?

그곳에는 **왜** 가고 싶어**요**?
여기서 일하다

Why do you want to go there?
[work here]

그게 **왜** 재미있을 것 같**아**?

Why do you think it would be fun?

왜 일정을 변경하고 싶으**세요**?

Why do you want to change the schedule?

그 영화는 **왜** 그렇게 인기가 많은 것 같**아**?
그 노래

Why do you think the movie is so popular?
[the song]

| 당신은 어디에 ~하세요? | **Where do you ~?** |

쉬운 패턴부터 해결하기 | 문장을 듣고 따라 말해 보세요.   ☐ ☐ ☐ ☐ ☐

어디서 묵고 계세요?

— **Where do you** stay?

어디서 근무하세요?

— **Where do you** work?

당신은 어디에 사세요?

— **Where do you** live?

어디 가고 싶으세요?
살다

— **Where do you** want to go?
[live]

옷 어디서 사세요?
머리를 자르다

Where do you buy clothes?
[get your hair cut]

Where do you live?

당신은 어디에 사세요?

MP3 083

당신은 아이디어를 어디서 얻나요?
영감을 얻다

Where do you get your ideas?
[get your inspiration]

점심 먹으러 보통 어디에 가세요?

Where do you usually go for lunch?

어디를 방문하는 걸 추천하세요?

Where do you recommend visiting?

이것들은 어디에 놓을까요?
이 상자

Where do you want me to put these?
[this box]

이 주변에서는 어디에 주차하나요?

Where do you park around here?

| 언제 ~하세요? | **When do you ~?** |

쉬운 패턴부터 해결하기 | 문장을 듣고 따라 말해 보세요.　□ □ □ □ □

넌 언제 외롭다고 느껴?
행복한

— **When do you** feel lonely?
[happy]

그게 **언제**까지 필요하**시죠?**

— **When do you** need it by?

언제까지 알려 드려야 하**나요?**

— **When do you** need to know?

언제 거기 가고 싶으**세요?**
쇼핑하러 가다

— **When do you** want to go there?
[go shopping]

당신은 그 기기를 **언제** 사용하**나요?**

— **When do you** use the device?

그게 **언제** 끝날 것 같아?

When do you think it'll be finished**?**

휴가는 보통 **언제** 가시나요?

When do you usually take your vacation**?**

우리 집에 **언제** 오고 싶으세요?

When do you want to come to my house**?**

캐나다에 **언제** 갈 계획이세요?
결혼하다

When do you plan to go to Canada**?**
[get married]

그 상품이 **언제** 배달될까요?

When do you expect the item to be delivered**?**

| 몇 시에 ~하나요? | **What time do you ~?** |

쉬운 패턴부터 해결하기 | 문장을 듣고 따라 말해 보세요. ☐ ☐ ☐ ☐ ☐

몇 시에 시작하나요?
열다/닫다

— **What time do you** start?
[open/close]

몇 시에 나가시죠?

— **What time do you** leave?

몇 시에 아침 드세요?

— **What time do you** have breakfast?

몇 시에 만나고 싶으세요?

— **What time do you** want to meet?

보통 몇 시에 일어나세요?
잠자리에 들다

— **What time do you** usually get up?
[go to bed]

보통 **몇 시에** 출근하세요?
퇴근하다

What time do you usually get to work?
[get off work]

오늘은 **몇 시에** 끝나세요?

What time do you finish work today?

공항에 **몇 시에** 도착하세요?

What time do you arrive at the airport?

몇 시에 회의하고 싶으세요?

What time do you want to have a meeting?

몇 시까지 거기로 가면 될까요?
들르다

What time do you want me to be there?
[come by]

187

당신은 어떻게 ~하죠? | **How do you ~?**

쉬운 패턴부터 해결하기 | 문장을 듣고 따라 말해 보세요. ☐ ☐ ☐ ☐ ☐

그건 **어떻게** 하는 **거죠?**

— **How do you** do that?

넌 <u>그걸</u> **어떻게** 알아?
내 전화번호

— **How do you** know that?
[my number]

그거 **어떤 것 같아?**

— **How do you** feel about that?

<u>신용카드</u> 없이 **어떻게** 지내요?
자동차

— **How do you** manage without a credit card?
[a car]

당신은 <u>클라라</u>를 **어떻게** 아세요?
제 남동생

— **How do you** know Clara?
[my brother]

How do you do that?

그건 어떻게 하는 거죠?

MP3 086

이 기계를 **어떻게** 작동시키**죠**?

How do you start this machine?

거기에 보통 **어떻게** 가세요?
출근하다

How do you usually get there?
[get to work]

넌 그거 할 시간을 **어떻게** 내는 거야?

How do you find time to do it?

당신은 여가 시간을 **어떻게** 보내나요?

How do you spend your free time?

그 가게가 어디 있는지 **어떻게** 아세요?
편의점

How do you know where the store is?
[the convenient store]

189

UNIT 016 문의, 방법

어떻게 ~하죠? | **How do I ~?**

쉬운 패턴부터 해결하기 | 문장을 듣고 따라 말해 보세요. ☐☐☐☐☐

이건 **어떻게** 하죠?
열다

How do I do this?
[open]

이 쿠폰은 **어떻게** 사용해요?
앱

How do I use this coupon?
[application]

책을 빌리려면 **어떻게 해야 하나요?**

How do I borrow books?

동아리에 가입하려면 **어떻게 해야 해요?**
프로젝트

How do I join the club?
[the project]

새것을 하나 받으려면 **어떻게 해야 하죠?**

How do I get a new one?

제 이메일 계정에 **어떻게** 접속하**죠**?
내 비밀번호를 변경하다

How do I access my e-mail account?
[change my password]

여행 가이드에게 **어떻게** 연락하나요?

How do I contact the tour guide?

그 이벤트를 신청하려면 **어떻게 해야 해요**?

How do I sign up for the event?

그 쇼핑센터에 **어떻게** 가나요?
당신 사무실

How do I get to the shopping center?
[your office]

그녀가 무슨 생각을 하는지 **내가 어떻게** 알아?

How do I know what's on her mind?

| 제가 뭘 ~해야 하죠? | **What do I have to ~?** |

쉬운 패턴부터 해결하기 | 문장을 듣고 따라 말해 보세요. ☐ ☐ ☐ ☐ ☐

내가 뭘 사야 하지?
입다

— **What do I have to** buy?
[wear]

내가 뭘 봐야 해?

— **What do I have to** see?

제가 뭘 읽어야 하죠?
쓰다

— **What do I have to** read?
[write]

내가 뭘 가져가야 해?

— **What do I have to** bring?

제가 지금 뭘 해야 하죠?
먼저 하다

— **What do I have to** do now?
[do first]

제가 무엇을 작업하면 되나요?
공부하다

What do I have to work on?
[study]

그것을 **뭐라고 불러야 하죠?**

What do I have to call it?

제가 그들에게 **뭐라고 말해야 하죠?**

What do I have to tell them?

그 경험에서 **뭘 배워야 하죠?**

What do I have to learn from the experience?

널 도우려면 **내가 뭘 해야 해?**

What do I have to do to help you?

어디서
~할 수 있죠? | # Where can I ~?

쉬운 패턴부터 해결하기 | 문장을 듣고 따라 말해 보세요. ☐ ☐ ☐ ☐ ☐

어디서 그걸 살 수 있죠?
팔다

— **Where can I** buy that?
[sell]

열차표는 어디서 살 수 있죠?
차를 빌리다

— **Where can I** buy train tickets?
[rent a car]

차는 어디에 댈 수 있죠?

— **Where can I** park the car?

오늘 일정표는 어디서 볼 수 있죠?
구하다

— **Where can I** see today's schedule?
[get]

이 상자는 어디에 보관할 수 있죠?

— **Where can I** store this box?

제 재킷은 **어디다** 둘**까요?**
가방/짐

Where can I put my jacket?
[bag/luggage]

옷은 **어디서** 갈아입을 **수 있죠?**
이걸 입어보다

Where can I change my clothes?
[try this on]

어디서 면세품을 찾을 **수 있죠?**

Where can I pick up my duty free items?

그 정보는 **어디서** 찾을 **수 있나요?**

Where can I find the information?

어디 가면 괜찮은 음식점이 **있을까요?**

Where can I find a good restaurant?

195

어떻게 ~할 수 있나요?	How can I ~?

쉬운 패턴부터 해결하기 l 문장을 듣고 따라 말해 보세요.

무엇을 도와드릴까요?

How can I help you?

당신한테 **어떻게** 연락할 **수 있나요?**
연락하다

How can I contact you?
[reach]

지하철역에 **어떻게** 갈 **수 있나요?**
뉴욕현대미술관

How can I get to the subway station?
[the Museum of Modern Art]

그 강좌를 신청하려면 **어떻게 해야 하죠?**

How can I apply for the class?

하루 휴가를 쓰려면 어떻게 **신청해야 하죠?**

How can I request a day off?

커피 좀 더 마시고 싶은데 **어떻게 하면 되죠?**
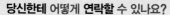
정보를 얻다

How can I get some more coffee?
[get the information]

내 영어 실력을 **어떻게 하면** 늘릴 수 있을까?
글쓰기 실력

How can I improve my English?
[writing skills]

콘서트 표는 **어떻게 주문할** 수 있나요?

How can I order tickets for the concert?

어떻게 하면 이 소포를 빨리 보낼 수 있나요?

How can I send this package fast?

온라인 회의를 소집하려면 **어떻게 해야** 하나요?

How can I set up an online meeting?

197

어떻게 ~할 수 있니?	**How can you ~?**

쉬운 패턴부터 해결하기 | 문장을 듣고 따라 말해 보세요. ☐ ☐ ☐ ☐ ☐

어떻게 <u>그럴</u> 수 있니?
그렇게 행동하다

— **How can you** do that?
[act like that]

넌 어쩜 그렇게 <u>이기적</u>이니?
무례한

— **How can you** be so selfish?
[rude]

어떻게 그런 말을 할 수 있니?

— **How can you** say such a thing?

어떻게 그런 걸 먹을 수 있니?

— **How can you** eat those things?

넌 어떻게 <u>그걸</u> 잊을 수 있어?
우리 결혼기념일

— **How can you** forget that?
[our wedding anniversary]

How can you do that?
어떻게 그럴 수 있니?

MP3 091

문맥에 따라 원망을 표현하거나 방법을 문의하기도 합니다.

그것에 대해 **어떻게** 그리 확신하**세요?**

How can you be so sure about it?

나한테 **어떻게** 그렇게 말할 **수 있니?**
나를 이렇게 대하다

How can you talk to me like that?
[treat me like this]

어떻게 그렇게 성공할 **수 있어요?**

How can you be so successful?

너 **어떻게** 그렇게 피아노를 잘 치니?

How can you play the piano so well?

어쩜 그렇게 프랑스어를 유창하게 할 **수 있는 거야?**
스페인어

How can you speak French so fluently?
[Spanish]

REVIEW 2

A

오른쪽 영어 문장을 가리고 우리말만 보고 영어로 말해 보세요.
그런 다음 들려 주는 문장을 따라 말해 보세요.

01 왜 그렇게 스트레스 받은 거야?　**Why are you** so stressed out?

02 나 왜 이렇게 바보 같지?　**Why am I** so stupid?

03 왜 물어보시는데요?　**Why do you** ask?

04 어디 가고 싶으세요?　**Where do you** want to go?

05 언제까지 알려 드려야 하나요?　**When do you** need to know?

06 공항에 몇 시에 도착하세요?　**What time do you** arrive at the airport?

07 넌 그걸 어떻게 알아?　**How do you** know that?

08 그 쇼핑센터에 어떻게 가나요?　**How do I** get to the shopping center?

09 제가 지금 뭘 해야 하죠?　**What do I have to** do now?

10 차는 어디에 댈 수 있죠?　**Where can I** park the car?

11 내 영어 실력을 어떻게 하면 늘릴 수 있을까요?　**How can I** improve my English?

12 어떻게 그런 말을 할 수 있니?　**How can you** say such a thing?

B

빈칸에 알맞은 영어 표현을 써 본 후, 정답을 확인하세요.
그런 다음 들려 주는 대화를 여러 번 반복해서 연습하세요.

1 A **Why are you so mad at me?** 왜 그렇게 화가 난 거야?
   B _____ **be so selfish?** 넌 어쩜 그렇게 이기적이니?

2 A **Why am I _____?** 나 왜 이렇게 바보 같지?
   B _____ **say that?** 왜 그런 말을 하는 거야?

3 A **Where do you _____?** 어디 가고 싶어요?
   B **I'd like to go to the swimming pool.** 수영장에 가고 싶어요.

4 A _____ **want to meet?** 몇 시에 만나고 싶어요?
   B **How about _____?** 6시 30분은 어떠세요?

5 A **How do I _____?** 이것은 어떻게 하죠?
   B **I'm able to explain it to you.**
      제가 그것을 설명해 드릴 수 있어요.

6 A **How can I _____?** 무엇을 도와드릴까요?
   B _____ **pick up my duty free items?**
      어디서 면세품을 찾을 수 있죠?

CHAPTER
5

There와 대명사의
환상적인 패턴들

UNIT 001 문의, 유무

~가 있나요? | **Are there ~?**

쉬운 패턴부터 해결하기 ㅣ 문장을 듣고 따라 말해 보세요.   ☐ ☐ ☐ ☐ ☐

질문이 있나요?
또 다른 질문

— **Are there** any questions?
    [any other questions]

빈자리가 있나요? (남은 좌석이 있나요?)
나한테 온 메시지

— **Are there** any empty seats?
    [any messages for me]

오늘 빈 방 있나요?

— **Are there** any rooms available today?

어떤 재미있는 활동들이 있나요?
어떤 계획

— **Are there** any fun activities?
    [any plans]

더 남은 것들이 있나요?

— **Are there** any more things left?

204   **CHAPTER 5**

Are there **any questions**?

질문이 있나요?

MP3 093

Are there 뒤에는 복수명사가 와요.

해변에 사람들이 많이 있나요?
파티에/방에

Are there many people at the beach?

[at the party / in the room]

그것을 자진해서 해 줄 사람 있나요?
어떤 최신 정보

Are there any volunteers to do it?

[any updates]

7월 26일에 항공편이 있나요?

Are there any flights on July 26?

제가 볼 수 있는 다른 자료가 있나요?

Are there any other materials I can see?

공항에 가는 버스들이 있나요?

Are there any buses that go to the airport?

UNIT 002 진술, 유무

~가 있어요. | **There are ~.**

쉬운 패턴부터 해결하기 | 문장을 듣고 따라 말해 보세요. ☐ ☐ ☐ ☐ ☐

갈 곳이 여러 군데 있어요.

— **There are** several places to go.

남은 방이 몇 개 있습니다.

— **There are** a few rooms available.

줄 선 사람이 **많아요.**
버스에

— **There are** a lot of people in line.
[on the bus]

저희 일행이 네 명이에요.

— **There are** four people in my group.

사야 할 게 너무 **많아.**
하다

— **There are** so many things to buy.
[do]

여기는 여행객들이 많아요.
손님들

There are many tourists **here.**
[customers]

지켜야 할 규칙이 몇 가지 있어요.
당신이 지켜야 한다

There are some rules to follow.
[you should follow]

우리가 시도해 봐야 할 게 몇 가지 있어요.

There are some things we should try.

당신한테 알려 줄 조언이 몇 개 있어요.

There are some tips I can give you.

이 주변에는 사람이 많지 않아요.

There are not many people around here.

~가 있나요?	**Is there ~?**

쉬운 패턴부터 해결하기 ㅣ 문장을 듣고 따라 말해 보세요. ☐ ☐ ☐ ☐ ☐

남은 거 있나요?

— **Is there any left?**

무슨 문제가 있나요?
충분한 공간

— **Is there** any problem**?**
[enough room]

또 다른 것이 있나요?
TV에 뭐 재미있는 것

— **Is there** anything else**?**
[anything good on TV]

여기 누구 있어요?

— **Is there** anyone here**?**

여기 화장실이 있나요?
탈의실

— **Is there** a restroom **here?**
[a dressing room]

Is there **a restroom here?**

여기 화장실이 있나요?

MP3 095

근처에 <u>현금자동입출금기</u>가 있나요?
약국

Is there an ATM machine **nearby?**
[a pharmacy]

오늘 서울로 가는 다른 <u>항공편</u>이 있나요?
기차

Is there another flight **to Seoul today?**
[train]

추천하고 싶은 곳이 있나요?

Is there somewhere you want to recommend?

긴 연휴 동안 어떤 계획이 있으세요?

Is there any plan for the long holiday?

그것을 해 주실 어떤 방법이 있을까요?

Is there any way you could do it?

~가 있어요.	There's ~.

쉬운 패턴부터 해결하기 | 문장을 듣고 따라 말해 보세요. ☐ ☐ ☐ ☐ ☐

문제가 있어요.
긴 줄

There's a problem.
[a long line]

7시 30분에 시작하는 쇼가 있어요.

There's a show at 7:30.

여기 전화번호 있어.
아무도 없는

There's a phone number **here**.
[nobody]

그 상점에서 할인행사가 있어요.

There's a sale at the store.

오늘 저녁에 특별 이벤트가 있습니다.

There's a special event this evening.

There's **a problem.**
문제가 있어요.

MP3 096

1층에 꽃집이 있어요.
빵집

There's a flower shop **on the first floor.**
[a bakery]

도로에 차가 너무 많아.

There's a lot of traffic on the road.

우리가 이걸 해낼 방법이 있어.

There's a way we can do this.

그것에 대해 생각해봐야 할 것이 있어.
네가 알아야 한다

There's something to think about it.
[you should know]

모퉁이를 돌면 주차장이 있어요.
괜찮은 곳

There's a parking lot **around the corner.**
[a good place]

| ~가 없어요. | **There's no ~.** |

쉬운 패턴부터 해결하기 | 문장을 듣고 따라 말해 보세요. ☐ ☐ ☐ ☐ ☐

다른 방법이 없어.
남은 돈

There's no other way.
[money left]

서두를 필요 없어요.
나에게 고마워하다

There's no need to hurry.
[thank me]

걱정할 필요 없어.
(겁에 질려) 당황하다

There's no need to worry.
[panic]

이것은 요금을 받지 않습니다.

There's no fee for this.

우리가 그것을 할 방법이 없어.

There's no way we can do that.

There's no **need to hurry**.

서두를 필요 없어요.

MP3 **097**

'There's no+명사'는 'There's nothing ~'으로도 표현할 수 있어요.

남아 있는 것이 없어요.

There's nothing left.

겁낼 거 없어.
잃다

There's nothing to fear.
[lose]

재고가 없네요.

There's nothing in stock.

그것엔 아무 문제가 없어요.

There's nothing wrong with it.

여기는 볼 게 전혀 없네요.
말하다

There's nothing to see here.
[say]

UNIT 006 문의, 확인, 진위

그거 ~인가요? | **Is it ~?**

쉬운 패턴부터 해결하기 | 문장을 듣고 따라 말해 보세요.

그건 인기 있나요?
유명한

Is it popular?
[famous]

그건 지루한가요?
재미있는

Is it boring?
[fun]

그거 다 팔렸나요?

Is it sold out?

그거 고장 났나요?
작동되는

Is it broken?
[working]

그거 비싼가요?

Is it expensive?

Is it expensive?
그거 비싼가요?

MP3 098

it은 구체적인 사물을 가리키기도, 눈에 안 보이는 상태, 상황을 나타내기도 해요.

이쪽으로 가면 되나요?

Is it this way?

그곳은 3층에 있나요?
위층에 있는

Is it on the third floor?
[upstairs]

경치가 아름다운가요?

Is it a beautiful view?

그건 거의 준비됐나요?
거의 다 된

Is it almost ready?
[almost done]

오늘 날씨가 화창할까요?

Is it going to be sunny today?

215

그건 ~예요. | **It's ~.**

쉬운 패턴부터 해결하기 | 문장을 듣고 따라 말해 보세요.   ☐ ☐ ☐ ☐ ☐

그것은 <u>왼쪽에</u> 있어요.
오른쪽에

— **It's** on the left.
[on the right]

그건 <u>제 잘못</u>이에요.
내 차례

— **It's** my fault.
[my turn]

그건 금요일에 있어요.

— **It's** on Friday.

그건 너한테 달렸어.

— **It's** up to you.

바깥은 더워요.

— **It's** hot outside.

It's my fault.

그건 **제 잘못**이에요.

MP3 099

그건 그렇게 쉽지 않아요.
그렇게 나쁘지는 않은

It's not that easy.
[not that bad]

그건 방문해 볼 만해요.
시도

It's worth visiting.
[a try]

그건 나한테 너무 어려워.
쉬운

It's too difficult **for me.**
[easy]

그곳은 여기서 멀지 않아요.

It's not far from here.

(고맙다는 말에) 별말씀을요.

It's my pleasure.

~하는 게 ~한가요?	Is it ~ to ~?

쉬운 패턴부터 해결하기 | 문장을 듣고 따라 말해 보세요. ☐ ☐ ☐ ☐ ☐

그건 하기 쉬운가요?
어려운

Is it easy to do that?
[hard]

이걸 사는 게 더 싼가요?

Is it cheaper to buy this?

지하철로 가는 게 더 빠른가요?

Is it faster to go by subway?

그곳에 가는 게 가능한가요?
가격을 낮추다

Is it possible to go there?
[lower the price]

여기서는 택시 잡는 게 어렵나요?
택시를 부르다

Is it difficult to catch a taxi here?
[call a cab]

Is it difficult to catch a taxi here? 여기서는 택시 잡는 게 어렵나요?

MP3 100

이때의 it이 가리키는 것은 'to+동사원형 ~' 내용이에요.

미리 예약하면 도움이 되나요?

저렴한

Is it helpful to book in advance?
[cheaper]

그 교육을 받는 게 중요한가요?

Is it important to receive the training?

투어를 꼭 취소해야 하나요?

Is it necessary to cancel the tour?

현금으로 내는 게 편하신가요?

신용카드로 지불하다

Is it convenient for you to pay in cash?
[pay by credit card]

여기서는 팁을 주는 것이 관례인가요?

Is it customary to give tips here?

~하는 게 ~해요. | **It's ~ to ~.**

쉬운 패턴부터 해결하기 | 문장을 듣고 따라 말해 보세요. ☐ ☐ ☐ ☐ ☐

그곳은 가기 쉬워요.
남을 비판하다

It's easy to get there.
[criticize others]

당신과 이야기할 **수** 있어 좋네요.
너를 만나다

It's nice to talk with you.
[see you]

그것을 취소하는 것도 가능하세요.

It's possible to cancel it.

오늘 거기에 가는 건 불가능해요.
제시간에

It's impossible to go there today.
[on time]

그 배우를 직접 본다니 흥분되네요.

It's exciting to see the actor in person.

It's helpful to use the mobile app.

그 휴대폰 앱을 이용하는 게 도움이 돼요.

MP3 101

그 정보를 아는 것이 유용합니다.

It's useful **to** know the information.

그 휴대폰 앱을 이용하는 게 도움이 돼요.

It's helpful **to** use the mobile app.

그 애가 이 책을 읽기는 어려워요.

It's difficult for her **to** read this book.

손을 자주 씻는 게 중요해요.
물을 마시다

It's important **to** wash your hands often.
[drink water]

이 양식을 꼭 작성하셔야 해요.
안전벨트를 매다

It's necessary **to** fill out this form.
[fasten your seat belt]

221

이거 ~인가요? | # Is this ~?

쉬운 패턴부터 해결하기 | 문장을 듣고 따라 말해 보세요. □ □ □ □ □

이거 당신 건가요?
당신 커피

Is this yours?
[your coffee]

여기가 맞나요?

Is this the right place?

이번이 처음이신가요?
첫 방문

Is this your first time?
[first visit]

이게 당신 짐인가요?

Is this your baggage?

이거 무료인가요?
무료인

Is this free of charge?
[for free]

Is this **yours**?
이거 **당신 건가요?**

MP3 102

이게 당신 <u>전화번호</u>인가요?
이메일 주소

Is this your phone number?
[e-mail address]

이분이 당신 <u>여동생</u>인가요?
남자 조카/여자 조카

Is this your younger sister?
[nephew/niece]

남은 테이블이 이것뿐인가요?

Is this the only table left?

이 정도면 모두에게 충분할까요?

Is this enough for everyone?

이게 제가 작성해야 하는 건가요?

Is this what I should fill out?

| 이것은 ~야. | **This is ~.** |

쉬운 패턴부터 해결하기 l 문장을 듣고 따라 말해 보세요.

□ □ □ □ □

이것은 최신형 모델입니다.

This is the latest model.

여기가 우리 방이야.
내 사무실

This is our room.
[my office]

이곳이 국립중앙박물관입니다.

This is the National Museum of Korea.

이건 제 의견일 뿐이에요.

This is just my opinion.

이건 그냥 추측일 뿐이야.
단지 시작

This is just a guess.
[just the beginning]

this는 가까이 있는 사람을 가리켜 '이 사람, 이분'의 의미로도 쓰임.

이쪽은 내 친구 톰이야.
내 동료

This is my friend, Tom.
[my colleague]

(통화 시) 저는 줄리아 스미스입니다.

This is Julia Smith speaking.

이곳엔 처음 와 봐요.
내 첫날

This is my first time here.
[my first day]

우리는 이걸 처음 해봐요.

This is our first time doing this.

이건 제가 본 것 중 최고예요.
최악의

This is the best one I've ever seen.
[worst]

~해도 괜찮나요? | Is it OK to ~?

쉬운 패턴부터 해결하기 ┃ 문장을 듣고 따라 말해 보세요.   ☐ ☐ ☐ ☐ ☐

내 친구를 데려가도 괜찮니?

— **Is it OK to** bring my friend**?**

네 거 사용해도 돼?
네 전화기

— **Is it OK to** use yours**?**
[your phone]

같이 가도 괜찮아요?
내 가방을 여기에 두다

— **Is it OK to** join you**?**
[leave my bag here]

이것들을 가져가도 괜찮나요?
여기에 주차하다

— **Is it OK to** take these**?**
[park here]

제가 하루 휴가를 써도 될까요?

— **Is it OK for me to** take a day off**?**

Is it OK to go now?

이제 출발해도 괜찮나요?

MP3 104

OK 대신 all right을 써도 같은 의미예요.

여기 앉아도 **괜찮나요?**

여기서 담배를 피우다

Is it all right to sit here?

[smoke here]

이거 입어 봐도 **되나요?**

Is it all right to try this on?

이제 출발해도 **괜찮나요?**

떠나다

Is it all right to go now?

[leave]

제 숙박 기간을 연장해도 **될까요?**

Is it all right to extend my stay?

아이들에게 이걸 보게 해도 **괜찮나요?**

Is it all right to let the children see this?

227

~라는 게 사실인가요?	Is it true that ~?

쉬운 패턴부터 해결하기 | 문장을 듣고 따라 말해 보세요. ☐ ☐ ☐ ☐ ☐

미혼이신 거 맞아요?
제인이랑 사귀다
— Is it true that you're single?
[going out with Jane]

걔가 너한테 거짓말한 게 사실이니?
— Is it true that he lied to you?

그녀가 부자라는 게 진짜야?
— Is it true that she is rich?

존이 아프다는 게 사실인가요?
그가 30대이다
— Is it true that John is ill?
[he is in his 30s]

너 가방 잃어버린 게 사실이야?
차 키
— Is it true that you lost your bag?
[car keys]

Is it true that you're leaving soon? 당신이 곧 떠난다는 게 사실인가요?

MP3 **105**

당신이 곧 떠난다는 게 사실인가요?
이사 나가다

Is it true that you're leaving soon?
[moving out]

그 사람 정말 영화배우예요?
가수

Is it true that he is a movie star?
[a singer]

네가 시험에 합격한 게 사실이니?

Is it true that you passed the test?

그 쇼가 정말 재미있다는 게 사실이야?

Is it true that the show is really good?

우리 진짜 집에서 2주 동안 있어야 해요?

Is it true that we should stay home
for 2 weeks?

229

REVIEW 1

A

오른쪽 영어 문장을 가리고 우리말만 보고 영어로 말해 보세요.
그런 다음 들려 주는 문장을 따라 말해 보세요.

01 질문이 있나요?
Are there any questions?

02 갈 곳이 여러 군데 있어요.
There are several places to go.

03 여기 화장실이 있나요?
Is there a restroom here?

04 모퉁이를 돌면 주차장이 있어요.
There's a parking lot around the corner.

05 서두를 필요 없어요.
There's no need to hurry.

06 그거 비싼가요?
Is it expensive?

07 그건 방문해 볼 만해요.
It's worth visiting.

08 그곳에 가는 게 가능한가요?
Is it possible **to** go there?

09 그 휴대폰 앱을 이용하는 게 도움이 돼요.
It's helpful **to** use the mobile app.

10 이거 당신 건가요?
Is this yours?

11 이건 제 의견일 뿐이에요.
This is just my opinion.

12 네 거 사용해도 돼?
Is it OK to use yours?

13 너 가방 잃어버린 게 사실이야?
Is it true that you lost your bag?

빈칸에 알맞은 영어 표현을 써 본 후, 정답을 확인하세요.
그런 다음 들려 주는 대화를 여러 번 반복해서 연습하세요.

1 A Are there _____ today? 오늘 빈 방 있나요?
   B Yes, _____ a few rooms available.
      예, 남은 방이 몇 개 있습니다.

2 A _____ any problem? 무슨 문제가 있나요?
   B Yes, _____. 네, 문제가 있어요.

3 A Thank you for coming here today. 오늘 와 주셔서 감사합니다.
   B It's _____. 별말씀을요.

4 A Is this _____? 이번이 처음이신가요?
   B Yes, this is _____. 예, 우리는 이걸 처음 해봅니다.

5 A Is it all right to _____? 이제 출발해도 괜찮나요?
   B Yes, let's go. 예. 가시죠.

| 그게 ~인 것 같네요. | **It seems like ~.** |

쉬운 패턴부터 해결하기 ㅣ 문장을 듣고 따라 말해 보세요.

그건 <u>실수</u>인 것 같아.
꿈

— **It seems like** a mistake.
[a dream]

그게 문제인 것 같네요.

— **It seems like** the problem.

그거 좋은 책인 것 같아.

— **It seems like** a good book.

그건 <u>어려운 질문</u>인 것 같네요.
시간 낭비

— **It seems like** a hard question.
[a waste of time]

그게 <u>공정한 결정</u>인 것 같아요.
어제

— **It seems like** a fair decision.
[yesterday]

It seems like the problem.

그게 **문제**인 것 같네요.

MP3 **107**

뒤에 명사나 '주어+동사' 표현이 와요.

그건 비싼 물건인 것 같네요.

It seems like an expensive item.

마치 꿈이 실현된 것 같아.

It seems like a dream come true.

그녀가 좋아할 만한 것 같아.

It seems like something she'd like.

내 컴퓨터가 먹통이 된 것 같아.
네가 잘못된 파일을 보냈다

It seems like my computer is down.
[you sent a wrong file]

우리 전에 어디서 만난 것 같아요.

It seems like we've met somewhere before.

233

이제 ~할
시간이에요.

It's time to ~.

쉬운 패턴부터 해결하기 I 문장을 듣고 따라 말해 보세요.

□ □ □ □ □

이제 <u>가야</u> 할 시간이에요.
작별 인사하다

— **It's time to** go.
[say goodbye]

이제 <u>시작할</u> 시간이야.
이걸 끝내다

— **It's time to** begin.
[finish this]

이제 안에 들어갈 시간이에요.

— **It's time to** go in.

이제 <u>자야</u> 할 시간이야.
일어나다

— **It's time to** go to bed.
[wake up]

이제 저녁 먹을 시간이야.

— **It's time to** have dinner.

It's time to go.

이제 **가야** 할 시간이에요.

MP3 108

이제 쉬는 시간이야.

It's time to take a break.

이제 집을 살 때가 됐어요.

It's time to buy a house.

이제 호텔로 돌아갈 시간이에요.
체크아웃하다

It's time to head back to our hotel.
[check out]

이제 그 사람들을 만날 시간입니다.

It's time to meet with them.

이제 이 주제를 논의할 시간입니다.
결정하다

It's time to discuss this topic.
[make a decision]

235

| ~하니 좋네요. | **It's good to ~.** |

쉬운 패턴부터 해결하기 | 문장을 듣고 따라 말해 보세요.   ☐ ☐ ☐ ☐ ☐

그 말을 들으니 좋네요.
네 소식을 듣다

— **It's good to** hear that.
[hear from you]

여기 있으니 좋아.

— **It's good to** be here.

널 만나서 반가워.
너를 다시 만나다

— **It's good to** see you.
[see you again]

집에 돌아오니 좋다.

— **It's good to** be back home.

모두 만나 뵙게 되어 **반갑습니다.**

— **It's good to** meet all of you.

It's good to see you.
널 만나서 반가워.

better는 good의 비교급으로 good 대신 쓰이면 '~하는 게 더 낫다'예요.

그것을 취소하는 **편이 더 낫겠어.**
그들에게 먼저 물어보다

It's better to cancel it.
[ask them first]

거기엔 걸어서 가는 **편이 더 좋아요.**

It's better to walk there.

조심하는 **편이 더 좋겠어.**
정직하게 구는

It's better to be careful.
[honest]

공항에서 만나는 **게 더 좋겠어요.**

It's better to meet at the airport.

정치 얘기는 피하는 **것이 낫겠어.**

It's better to avoid talking about politics.

237

그게 ~일 리가 없어. | **It can't be ~.**

쉬운 패턴부터 해결하기 ┃ 문장을 듣고 따라 말해 보세요.   □ □ □ □ □

그게 틀릴 **리가 없어.**

— **It can't be** wrong.

그게 가능할 **리가 없어요.**
진짜인

— **It can't be** possible.
[real]

그게 사실일 **리가 없어.**

— **It can't be** true.

그건 맞을 **리가 없어.**

— **It can't be** right.

그게 리사일 **리가 없어.**

— **It can't be** Lisa.

그게 새것일 **리** 없어요.

It can't be a new one.

이렇게 간단할 **리가** 없는데요.

It can't be this simple.

벌써 끝났을 **리가** 없어요.

It can't be over already.

그게 <u>그녀에게 쉬운 일일</u> **리가** 없어요.
그렇게 쉬운

It can't be easy for her.
[that easy]

이게 맞는 <u>주소일</u> **리가** 없어요.
답

It can't be the correct address.
[answer]

UNIT 018 진술, 당연

~할 만도 해요. | It's no wonder ~.

쉬운 패턴부터 해결하기 | 문장을 듣고 따라 말해 보세요.

그가 바쁠 **만도 해요.**
피곤한

— **It's no wonder** he's busy.
[tired]

우리가 길을 잃은 **건 당연해요.**

— **It's no wonder** we're lost.

걔네들은 헤어질 **만해.**

— **It's no wonder** they broke up.

그녀가 놀랄 **만도 해요.**
흥분한

— **It's no wonder** she's surprised.
[excited]

그녀가 무척 행복해하**는 건 당연해요.**
화난

— **It's no wonder** she's so happy.
[upset]

It's no wonder she's surprised.

그녀가 놀랄 만도 해요.

당신이 승진한 **것은 당연해요.**

It's no wonder you got promoted.

그녀가 그렇게 인기 있는 **것은 당연해.**
실망한

It's no wonder she's so popular.
[disappointed]

네가 그걸 기억 못할 **만해.**

It's no wonder you can't remember it.

그 행사가 취소된 **것은 당연해요.**
그가 해고당했다

It's no wonder the event is canceled.
[he got fired]

관광객들이 이곳을 즐겨 찾을 **만하네.**

It's no wonder tourists love to come here.

241

그건 ~예요. | **That's ~.**

쉬운 패턴부터 해결하기 ㅣ 문장을 듣고 따라 말해 보세요.

그거 제 거**예요.**
제니의 것

— **That's** mine.
 [Jenny's]

그건 제 가방**이에요.**
내가 가장 좋아하는 것

— **That's** my bag.
 [my favorite]

그것 참 잘됐**네요.**
정말 좋은 소식

— **That's** great.
 [great news]

그 말이 맞아요.

— **That's** right.

그 정도면 충분해요.

— **That's** enough.

That's too expensive.

그건 **너무 비싸네요.**

MP3 112

이때 that은 눈에 보이는 '저것, 그것'의 의미 외에 상황 등을 나타내기도 해요.

괜찮아요.
안 웃긴

That's all right.
[not funny]

(상대방의 사과에 대한 대답으로) 괜찮**습니다.**

That's not a problem.

좋은 지적**이에요.**
좋은 가격

That's a good point.
[a good price]

그건 너무 비싸네요.

That's too expensive.

그렇게 하는 게 우리한테 더 좋아요.

That's better for us.

243

그거 ~ 같네요.	**That sounds ~.**

쉬운 패턴부터 해결하기 | 문장을 듣고 따라 말해 보세요. ☐ ☐ ☐ ☐ ☐

그거 참 놀랍네요.

— **That sounds** amazing.

그거 좋은 것 같네요.
아주 좋은

— **That sounds** good.
        [great]

그거 이상하게 들리네요.
묘하게 이상한

— **That sounds** strange.
        [weird]

그거 재미있겠는데요.
꽤 재미있는

— **That sounds** interesting.
        [pretty interesting]

타당한 말 같네요.

— **That sounds** reasonable.

That sounds **good.**

그거 **좋은 것 같네요.**

MP3 **113**

That sounds 뒤에는 형용사가, That sounds like 뒤에는 명사가 와요.

그거 재미있겠네요.

That sounds like fun.

그게 문제인 것 같아.

That sounds like a problem.

그거 좋은 기회인 것 같아.

That sounds like a good opportunity.

좋은 장소 같은데요.
내 취향의 영화

That sounds like a good place.
[my kind of movie]

응급상황인 것 같아.

That sounds like an emergency.

245

그래서 ~하는 거야.	**That's why ~.**

쉬운 패턴부터 해결하기 | 문장을 듣고 따라 말해 보세요. ☐ ☐ ☐ ☐ ☐

그래서 그가 전화한 **거야.**

That's why he called.

그래서 우리가 여기 온 **거예요.**
그녀가 여기에 왔다

That's why we're here.
[she came here]

그래서 내가 걔를 좋아하는 **거야.**

That's why I like him.

그것 때문에 그녀가 늦은 **거예요.**
울었다

That's why she was late.
[cried]

그래서 우리가 일찍 출발한 **거예요.**
일찍 퇴근했다

That's why we left early.
[left work early]

That's why I like him.
그래서 내가 걔를 좋아하는 거야.

MP3 **114**

그래서 <u>그가 서두르</u>는 거야.
그가 그녀와 헤어졌다

That's why he's in a hurry.
[he broke up with her]

그래서 그렇게 오래 걸렸**어요.**

That's why it took so long.

그래서 우리가 자동차를 렌트한 **거예요.**

That's why we rented a car.

그래서 우리가 이곳을 좋아하**지.**

That's why we love this place.

그래서 제가 <u>이 항공사를</u> 선택한 **거예요.**
이 호텔

That's why I chose this airline.
[this hotel]

| ~하니까 그렇지. | **That's because ~.** |

그건 점심시간이라서 그래요.
— **That's because** it's lunchtime.

그들이 우리에게 하라고 했기 때문이에요.
— **That's because** they told us to.

그곳이 이 근방에 있기 때문이에요.
그의 집이
— **That's because** it's near here.
[his place is]

비가 오려고 하니까 그렇지.
눈이 오다
— **That's because** it's going to rain.
[snow]

그녀가 약속이 있었기 때문이에요.
— **That's because** she had an appointment.

That's because **it's going to rain.** 비가 오려고 하니까 그렇지.

MP3 115

우리가 돈을 너무 많이 써서 **그래요.**

That's because we spent too much money.

내 전화기가 고장 나서 **그래요.**
복사기

That's because my phone isn't working.
[the photocopier]

그건 가격이 너무 비싸서 **그래요.**

That's because the price is too high.

그가 교통 정체에 걸렸**기 때문이에요.**

That's because he got stuck in traffic.

우리 항공편이 지연됐**기 때문이에요.**
취소된

That's because our flight was delayed.
[canceled]

그게 바로 ~야. | **That's what ~.**

내 말**이 그 말이야.**
그가 한 말

That's what I meant.
[he said]

내 생각도 **그래요.**

That's what I think.

전 **그렇게 들었어요.**
우리가 들은

That's what I heard.
[we were told]

우리가 필요한 **게 그거야.**

That's what we need.

우리가 추측한 **대로네요.**
예상했던

That's what we guessed.
[expected]

That's what I meant.
내 말이 그 말이야.

MP3 116

콕 찍어서 뜻하는 바를 말할 때 쓸 수 있는 표현이에요.

내가 추천하고 싶은 게 그거야.

내가 알고 싶은

That's what I'd recommend.
[I want to know]

그녀가 제안하는 게 바로 그거야.

That's what she suggests.

그녀가 하고 싶은 것이 그거예요.

That's what she wants to do.

우린 그걸 제일 먼저 해야 해요.

That's what we should do first.

그녀가 걱정하는 게 그거예요.

내가 두려워하는

That's what she's worried about.
[I'm afraid of]

251

REVIEW 2

A

오른쪽 영어 문장을 가리고 우리말만 보고 영어로 말해 보세요.
그런 다음 들려 주는 문장을 따라 말해 보세요.

01 그게 문제인 것 같네요.   **It seems like** the problem.

02 이제 자야 할 시간이야.   **It's time to** go to bed.

03 그 말을 들으니 좋네요.   **It's good to** hear that.

04 그게 틀릴 리가 없어.   **It can't be** wrong.

05 그녀가 놀랄 만도 해요.   **It's no wonder** she's surprised.

06 그것 참 잘됐네요.   **That's** great.

07 그거 이상하게 들리네요.   **That sounds** strange.

08 그래서 그가 전화한 거야.   **That's why** he called.

09 그건 점심시간이라서 그래요.   **That's because** it's lunchtime.

10 전 그렇게 들었어요.   **That's what** I heard.

B

빈칸에 알맞은 영어 표현을 써 본 후, 정답을 확인하세요.
그런 다음 들려 주는 대화를 여러 번 반복해서 연습하세요.

1 A It seems like _____. 그건 실수인 것 같네요.
  B That's what _____. 내 생각도 그래요.

2 A _____ go. 이제 가야 할 시간이에요.
  B Yes, that's _____. 예, 맞아요.

3 A I heard the outdoor concert is canceled.
    그 야외 콘서트가 취소됐다고 들었어요.
  B That's because _____.
    그건 비가 올 것이기 때문이에요.

4 A Did you hear Bill and Mary broke up?
    빌과 메리가 깨졌다는 것 들었어?
  B It can't be _____. 그건 사실일 리가 없어.

5 A Shall we take a lesson to surf? 우리 서핑 강습 받아볼까요?
  B That sounds like _____. 그거 재미있겠네요.

6 A It's good to _____. 여기 있으니 좋네요.
  B Yes, _____ tourists love to come here.
    예, 관광객들이 이곳을 즐겨 찾을 만하네요.

정답   1. a mistake, I think   2. It's time to, right   3. it's going to rain
        4. true   5. fun   6. be here, it's no wonder

253

CHAPTER
6

**구체적인 정보를
요청하는 패턴**

UNIT 001 문의, 위치, 장소

~가 어디 있지? | **Where is ~?**

쉬운 패턴부터 해결하기 | 문장을 듣고 따라 말해 보세요. ☐☐☐☐☐

내 전화기가 어디 있지?
Where is my phone?

다들 어디 있어요?
Where is everyone?

가장 가까운 은행이 어디 있나요?
Where is the closest bank?

가장 가까운 버스 정류장이 어디 있나요?
지하철역
Where is the nearest bus stop?
[subway station]

관광 안내소는 어디에 있나요?
흡연 구역
Where is the tourist information office?
[the smoking area]

너 어디야?

Where are you?

아이들은 어디 있나요?

Where are the kids?

여기가 어디죠?

Where are we?

주방용품들은 어디에 있나요?
청소용품들

Where are the kitchen supplies?
[the cleaning supplies]

노트북 컴퓨터들은 어디에 있죠?

Where are the laptop computers?

~는 누구예요? | **Who is ~?**

쉬운 패턴부터 해결하기 | 문장을 듣고 따라 말해 보세요. ☐ ☐ ☐ ☐ ☐

네 남자 친구는 **누구야?**
너의 가장 친한 친구

— **Who is** your boyfriend?
[your best friend]

저 여자는 **누구예요?**
사진 속에 저 여자분

— **Who is** that woman?
[that woman in the picture]

네가 가장 좋아하는 가수는 누구니?

— **Who is** your favorite singer?

(전화 중) **누구시죠?**

— **Who is** this?

밖에 **누가 있나요?**

— **Who is** outside?

Who is that woman?

저 여자는 누구예요?

MP3 119

행동이나 상태의 주체를 물을 때 혹은 누군가의 정보가 궁금할 때 모두 쓸 수 있어요.

누가 지금 그걸 사용하고 있죠?

Who is using it now?

누가 이 일을 담당하죠?

Who is in charge of this?

누가 그 문제에 책임이 있죠?

Who is responsible for the problem?

스쿠버다이빙에 관심 있는 분?

Who is interested in scuba diving?

누가 사진을 잘 찍죠?
요리

Who is good at taking pictures?
[cooking]

259

~는 누구예요?	Who are ~?

쉬운 패턴부터 해결하기 ㅣ 문장을 듣고 따라 말해 보세요. ☐ ☐ ☐ ☐ ☐

당신은 누구신가요?

— Who are you?

그 사람들 누구예요?
새로 온 사람들

— Who are they?
[the newcomers]

우승자들은 누구인가요?
후보자들

— Who are the winners?
[the candidates]

우리 팀 선수들은 누구인가요?

— Who are our team's players?

저기 있는 사람들은 누구예요?

— Who are the men over there?

Who are you looking for?

누구를 찾고 계시죠?

MP3 120

상대방이 하는 행동의 대상이 궁금하거나 누군가의 정보가 궁금할 때 써요.

누구를 찾고 계시죠?

Who are you looking for?

누구와 이야기하고 있는 거예요?

Who are you talking to?

누구 얘기 하시는 거예요?

Who are you talking about?

누구한테 전화하는 거야?

Who are you calling?

누구를 기다리고 있는 거야?

Who are you waiting for?

~하고 싶은 사람 있나요?	Who wants to ~?

쉬운 패턴부터 해결하기 | 문장을 듣고 따라 말해 보세요. ☐ ☐ ☐ ☐ ☐

누구 먼저 하고 싶은 사람 있나요?

시도해 보다

Who wants to do it first?

[give it a try]

먼저 이야기하고 싶은 분 있나요?

Who wants to talk first?

쇼핑하러 가고 싶은 사람 있나요?

TV를 보다

Who wants to go shopping?

[watch TV]

산책하러 가고 싶은 사람 있나요?

드라이브하러 가다

Who wants to go for a walk?

[go for a ride]

누구 이 책 읽고 싶은 사람?

Who wants to read this book?

Who wants to **go to a concert?**

콘서트에 가고 싶은 사람 있나요?

MP3 **121**

우리말의 '누구 ~하고 싶은 사람?'을 말할 때 쓸 수 있어요.

콘서트에 가고 싶은 사람 있나요?
체스를 두다

Who wants to go to a concert?
[play chess]

그 도서전에 가고 싶은 사람 있나요?

Who wants to go to the book fair?

누구 아이스크림 먹고 싶은 사람?
이 케이크를 먹다

Who wants to have some ice cream?
[eat this cake]

커피 한 잔 드시고 싶은 분 있나요?

Who wants to have a cup of coffee?

누구 가수가 되고 싶은 사람 있나요?

Who wants to be a singer?

누가 ~할 건가요?	# Who's going to ~?

쉬운 패턴부터 해결하기 | 문장을 듣고 따라 말해 보세요.　□□□□□□

누가 설거지를 할 거니?
저녁을 요리하다

— **Who's going to** do the dishes?
[make dinner]

누가 나랑 같이 갈 건가요?
먼저 하다

— **Who's going to** go with me?
[go first]

누가 그걸 할 건가요?
질문에 대답하다

— **Who's going to** do it?
[answer the questions]

계산은 누가 할 거죠?

— **Who's going to** pay the bill?

누가 우리와 함께 점심을 먹을 거죠?

— **Who's going to** have lunch with us?

Who's going to **do it**?

누가 **그걸 할** 건가요?

MP3 122

그 파티에 누가 올 거죠?

Who's going to come to the party?

누가 티켓을 살 건가요?

이것에 대해 나에게 설명하다

Who's going to buy the tickets?

[explain this to me]

누가 안내 데스크에 전화할 거죠?

Who's going to call the front desk?

호텔 예약은 누가 할 거죠?

Who's going to make the hotel reservation?

누가 공항에서 그녀를 데려올 거죠?

학교에서

Who's going to pick her up from the airport?

[from school]

~는 어때요?　　|　　**How is ~?**

쉬운 패턴부터 해결하기 ｜ 문장을 듣고 따라 말해 보세요.　　☐ ☐ ☐ ☐ ☐

네 일은 좀 어때?

How is your job?

그는 잘 지내고 있나요?

How is he doing?

따님은 잘 지내죠?
가족 / 부인 / 어머니

How is your daughter?
[family / wife / mother]

묵고 계신 것은 좀 어떠세요?

How is your stay?

여행은 잘 즐기고 있나요?

How is your trip?

How is your job?
네 일은 좀 어때?

MP3 **123**

주로 어떤 상태인지를 묻는 표현으로, 우리말로는 '～은 괜찮아요?'로 이해하세요.

휴가는 잘 보내고 계세요?

How is your vacation?

두통은 좀 어떠세요?
감기/치통

How is your headache?
[cold / toothache]

그 기기는 잘 작동되나요?

How is the device working?

준비는 잘 되어 가고 있나요?
공부

How is the preparation going?
[your study]

사업은 잘 되고 계신가요?
프로젝트

How is your business doing?
[the project]

| 몇 ~인가요? | How many ~? |

쉬운 패턴부터 해결하기 | 문장을 듣고 따라 말해 보세요.   ☐ ☐ ☐ ☐ ☐

거기 차가 **몇** 대나 있**나요**?

— How many cars are there?

몇 분이나 오시죠?
일행인

— How many people are coming?
[in your party]

우리 지금 **몇** 개 가지고 있죠?

— How many do we have now?

사람이 **몇** 명 있**나요**?
당신 식구 안에

— How many people are there?
[are there in your family]

책은 **몇** 권 샀어요?

— How many books did you buy?

How many people are there?

사람이 몇 명 있나요?

MP3 **124**

How many는 단독으로 '몇 명(개)'의 뜻으로도 쓰이고, 명사랑 같이 쓰이기도 해요.

가방은 몇 개나 가져갈 수 있나요?
부치시나요

How many bags can we take?
[are you checking]

이걸 몇 번이나 읽었어요?
내가 말했잖니

How many times did you read this?
[did I tell you]

그 쇼를 보러 몇 명이 올까요?

How many people will come to see the show?

몇 명이 스노클링을 신청했나요?

How many have signed up for snorkeling?

필리핀에는 몇 번이나 가 보셨어요?

How many times have you been to the Philippines?

269

~는 얼마예요? | **How much ~?**
얼마나 ~예요?

쉬운 패턴부터 해결하기 | 문장을 듣고 따라 말해 보세요. ☐ ☐ ☐ ☐ ☐

이건 얼마예요?

How much is this?

이 원피스는 얼마예요?
이 모자

How much is this dress?
[this hat]

입장료는 얼마인가요?
요금

How much is admission?
[the fee]

양이 얼마나 필요하시죠?

How much do you need?

우리 돈이 얼마나 있죠?

How much money do we have?

How much **is this?**

이건 얼마예요?

MP3 **125**

우리 시간이 **얼마나** 남았죠?

How much time do we have?

회비는 **얼마인가요?**

How much does the membership cost?

하나 빌리는 데 **얼마** 드나요?
그것을 수리하다

How much will it cost to rent one?
[repair it]

서비스 비용은 **얼마죠?**

How much do you charge for the service?

그 여행 다녀오는 데 **얼마나** 쓰셨어요?
마케팅에

How much did you spend for the travel?
[on marketing]

시간이 얼마나 ~인가요? | **How long ~?**

쉬운 패턴부터 해결하기 | 문장을 듣고 따라 말해 보세요. ☐ ☐ ☐ ☐ ☐

세일 기간이 **얼마나** 되죠?
기다리는 시간

— **How long is** the sale?
[the wait]

당신 휴가 기간은 **얼마나** 되나요?

— **How long is** your vacation?

그 프로그램은 **얼마나** 길죠?
그 세미나

— **How long is** the program?
[the seminar]

우리가 **얼마나 오래** 기다려야 하죠?

— **How long do we have to wait?**

거기 가는 데 **시간이 얼마나** 걸리죠?
지하철역에 도착하다

— **How long does it take to** get there?
[get to the subway
station]

How long does it take to get there? 거기 가는 데 시간이 얼마나 걸리죠?

MP3 126

얼마나 오래 기다린 거예요?

결혼한

How long have you been waiting?

[married]

하와이에 **얼마나** 계실 건가요?

How long will you be in Hawaii?

뉴욕까지 비행 시간이 **얼마나** 걸리죠?

How long is the flight to New York?

그것을 수리하는 데 시간이 **얼마나** 걸릴까요?

How long would it take to repair it?

우리 호텔까지 차로 **얼마나** 걸릴까요?

How long will it take to drive to our hotel?

UNIT 010 문의, 빈도

얼마나 자주
~하나요?

How often ~?

쉬운 패턴부터 해결하기 | 문장을 듣고 따라 말해 보세요. ☐ ☐ ☐ ☐ ☐

얼마나 자주 <u>운동하세요</u>?
외식하다

How often do you work out?
[eat out]

손은 **얼마나 자주** 씻으세요?

How often do you wash your hands?

영화 보러 **얼마나 자주** 가?

How often do you go to the movies?

걔랑 **얼마나 자주** 데이트하니?

How often do you go out with him?

얼마나 자주 <u>베이징을 방문하시나요</u>?
부모님을 찾아뵙다

How often do you visit Beijing?
[visit your parents]

How often **do you travel abroad?** 얼마나 자주 해외여행을 가세요?

MP3 **127**

집 청소는 **얼마나 자주** 하세요?
온라인으로 사다
How often do you clean your house?
[buy online]

그 버스는 **얼마나 자주** 오나요?
How often does the bus come?

얼마나 자주 해외여행을 가세요?
How often do you travel abroad?

도서관에는 **얼마나 자주** 가?
How often do you go to the library?

이메일은 **얼마나 자주** 확인하세요?
How often do you check your e-mail?

| ~는 얼마나 먼가요? | **How far ~?** |

해변은 얼마나 먼가요?
박물관

— How far is the beach?
[the museum]

호텔은 얼마나 멀리 있나요?
주유소

— How far is the hotel?
[the gas station]

거긴 여기서 얼마나 먼가요?
지하철역에서

— How far is it from here?
[from the subway station]

우리가 얼마나 온 거죠?

— How far have we come?

그 공원은 얼마나 멀리 있나요?

— How far away is the park?

How far is it from here?

거긴 여기서 얼마나 먼가요?

MP3 128

우리가 집에서 얼마나 멀리 있죠?
우리 호텔에서

How far are we from home?
[from our hotel]

우리가 얼마나 더 멀리 가야 하나요?
걷다

How far do we still have to go?
[walk]

우리가 얼마나 운전해서 가야 하죠?

How far do we need to drive?

서울에서 대구까지 거리가 어떻게 되나요?

How far is Daegu from Seoul?

그 일을 어느 정도까지 했나요?

How far have you got with the work?

REVIEW

A

오른쪽 영어 문장을 가리고 우리말만 보고 영어로 말해 보세요.
그런 다음 들려 주는 문장을 따라 말해 보세요.

01 주방용품들은 어디에 있나요? **Where are** the kitchen supplies**?**

02 네가 가장 좋아하는 가수는 누구니? **Who is** your favorite singer**?**

03 누구를 찾고 계시죠? **Who are** you looking for**?**

04 누구 먼저 하고 싶은 사람 있나요? **Who wants to** do it first**?**

05 누가 나랑 같이 갈 건가요? **Who's going to** go with me**?**

06 준비는 잘 되어 가고 있나요? **How is** the preparation going**?**

07 사람이 몇 명 있나요? **How many** people are there**?**

08 입장료는 얼마인가요? **How much** is admission**?**

09 우리가 얼마나 오래 기다려야 하죠? **How long** do we have to wait**?**

10 이메일은 얼마나 자주 확인하세요? **How often** do you check your e-mail**?**

11 거긴 여기서 얼마나 먼가요? **How far** is it from here**?**

B

빈칸에 알맞은 영어 표현을 써 본 후, 정답을 확인하세요.
그런 다음 들려 주는 대화를 여러 번 반복해서 연습하세요.

1 A **Where is** _____?
      가장 가까운 버스 정류장이 어디에 있나요?

   B **Turn right at that corner.** 저 모퉁이에서 오른쪽으로 가세요.

2 A **Who is** _____? 저 여자는 누구예요?

   B **She is Jake's girlfriend.** 그녀는 제이크의 여자 친구예요.

3 A _____ **go for a walk?** 산책하러 가고 싶은 사람 있나요?

   B **Let's go together.** 저와 함께 가요.

4 A **Who's going to** _____?
      누가 공항에서 그녀를 데려올 거죠?

   B **I'm going to do it.** 제가 할 거예요.

5 A **How many** _____? 가방은 몇 개 가져갈 수 있나요?

   B **Three per person.** 한 사람당 세 개요.

6 A **How much** _____? 이건 얼마예요?

   B **That's 5 dollars.** 그건 5달러입니다.

7 A **How long** _____?
      거기 가는 데 시간이 얼마나 걸리나요?

   B **It would take about an hour.** 약 한 시간 걸릴 거예요.

정답   1. the nearest bus stop   2. that woman
       3. Who wants to   4. pick her up from the airport
       5. bags can we take   6. is this   7. does it take to get there

279

YOU'RE A WINNER!

여기까지 오느라 정말 고생 많으셨습니다. 끝까지 온 여러분은 진정한 승리자입니다!
끝까지 했다는 희열은 해본 사람만이 느낄 수 있지요.
앞으로도 여러분의 영어 학습이 승승장구하기를 기원합니다.